KB042066

# 다시,
# K-를 보다

# 다시,
# K-를 보다

### 한류는 어떻게 국경을 넘어
### 문명이 되었는가

정호재 지음

메디치

# 국경을 넘어야
# 문명이 된다

## 지역과 한류

2020년 늦가을부터 2021년 봄까지 페이스북에 '아시아 시대'와 '아시아적 관점'과 관련한 글을 연재했더니 페이스북 친구들로부터 의외의 반응이 터져 나왔다. 예를 들어, 동남아에도 우리가 잘 모르는 유명 정치인이 많고 갖가지 정치적 격변이 있으며, 이슬람, 힌두, 남방불교 등 여러 종교와 민족 간의 갈등도 존재한다. 그런데 보통 이런 이야기들은 한국과의 뚜렷한 맥락이 없어 보이니 생뚱맞고 재미가 없기 마련이다. 이런 점 때문인지 아시아 정치와 사회에 관한 내용보다는 오히려 "아시아와 한국의 관계, 나아가 '한류의 본질'에 대한 이야기를 더 해달라"라는 주문이 잇따른 것이다.

　한류K-Wave는 당연히 한국 문화가 아시아를 포함한 전 세계에서 인기를 끄는 현상을 통칭하는 말이다. 그런데 동시에 한국인들은 이 현상을 통해서 아시아와 세계를 보다 친근하고 현실감 있게 느낄 수 있게 된 것 같다. 이 현상이 아시아의 연결성을 강화하고 지역을 창출하는 혁신의 의미도 동시에 안고 있다는 맥락과 더불어, 한류를 통해 한국의 모습이 세계에 어떻게 비치는지, 동시에 한국의 정체성은 무엇인지에 관해 질문이 생겨난 셈이다.

　아시아를 연구하는 나 역시도 케이K 모델을 본격적으로 고민하는 계기가 되었다. 왜냐하면 한국은 지구 위의 특정 지역을 뜻하는 말인 동시에 한국을 포함하는 동아시아나 이웃한 동남아시아, 그리고 이를 전부 포함하는 아시아라는 의미 역시 지역을 뜻하는 말이기 때문이다. 한국의 문화가 아시아 이웃 국가에서 인기가 있다는 이야기는 무언가 서로가 통하는 동질성이 있다는 이야기다. 그것이 인종적 동질감인지 혹은 역사적 동질감인지는 뚜렷하지 않지만 말이다. 그리고 그렇게 만들어진 문화적 경험은 더 긴밀한 정치경제적 관계 발전의 토대가 될 수도 있다. 결국 한류가 단순히 미디어적·문화적 현상일 수도 있지만 '지역area, 地域의 성립이라는 의미로 바라볼 수도 있다는 생각이 들었다.

　나는 아시아라는 지역을 연구하고 있다. 지역학이란 이와 같은 지리적 공간을 매개로 정치·사회·경제·문화 등 다양한 학문적 관점이 수용되는 복합·종합학문이라고 정의할 수 있지만, 그렇다고 그것이 여타 사회과학과 뚜렷하게 구분하기 쉽지 않다는 걸림돌도 없지 않다.

5년 전 기자 생활을 마무리 짓고 기왕이면 아시아에서 공부해보고자 싱가포르국립대학교에 연구 계획서를 제출했다. 자기소개서와 제안서proposal를 써야 교수님이 평가해줄 테니 말이다. "경영학과 출신으로 한국에서 기자로 오래 일했고, 이어 중국과 일본에 관심이 많았는데, 이후에는 그 관심이 동남아로 확대되어 여러 곳을 취재하고 사람들을 만나고 책을 번역해보았다"라고 했더니 교수님이 매우 반겨주셨다. 왜 그러시느냐고 물었더니 "지역학에 특화된 상당히 괜찮은 이력"이라는 답변이 돌아왔다. 물론 아시아 지역학 전공자가 늘기를 바라는 교수님의 미끼이자 의례적 칭찬일 수도 있었지만, 나는 결과적으로 그 미끼를 덥석 물어버렸다.

우여곡절 끝에 싱가포르에 가서 학자들을 만나 이야기해보니 동남아시아 엘리트들이 구상하는 아시아에 대한 비전과 구상을 대략 엿볼 수 있었다.

첫 번째, 싱가포르를 위시한 아세안 국가들의 범상치 않은 야심이다. 우리는 동남아 지역 국가들을 보통은 가난하고 미래 비전이 부족한 국가들의 연합이라고 생각하기 쉽지만, 천만의 말씀이었다.

그들도 우리만큼 꿈이 크고 세계적 수준에 대한 비전이 있었다. 당장 한류를 전 세계 누구보다 열렬히 사랑하는 것이 그 증거가 된다. 한국에 관한 관심 때문이 아니라, 케이 콘텐츠의 수준이 높기 때문에 가장 먼저 그 가치를 알아보아준 것이다. 대략 7억 명에 달하는 동남아시아 국가들도 기왕이면 자국보다 더 좋은 문화를 끌어안아 한국처럼 더 높은 곳으로 발돋움하려는 치열한 노력이 계속된다는 이야기다.

두 번째, 서구에 대한 의존을 벗어나 기왕이면 동북아와 연결성을 강화하겠다는 의지다. 21세기 아시아의 가장 커다란 특징은 '동남아와 동북아 지역의 급속한 관계 형성'이다. 우리나라만 살펴보아도 이미 베트남과 인도네시아 없이는 제대로 산업이 돌아가지 못한다. 말라카 해협으로 수송되는 석유 없이는 동북아의 산업 전체가 곧바로 멈출 수도 있다. 동시에 동남아의 금융 중심지인 싱가포르를 찾는 한·중·일의 발걸음도 빨라지고 있다. 동남아 역시 유럽과 미국 중심적 시각에서, 특히 중국과 일본에 집중된 아시아에 대한 고정관념에서 벗어내려고 노력한다. 자연스레 한국에 대한 수요가 그 핵심이 된다.

세 번째, 아시아라는 더 큰 정체성의 필요성이다. 지중해를 중심으로 한 유럽인들은 약 2,000년에 걸친 활발한 교역과 전쟁을 통해 본인들이 이집트와 그리스−로마 문명의 세례를 받았다는 정신적인 공통점을 갖고 있다. 민족과 종교는 다를지라도 '유럽 문명'의 가치에 대해서는 크게 공감한다는 이야기다. 그런데 아시아인이라면 모두가 공감하다시피 국가에 대한 자부심은 각기 드높은 편인데, 이것이 지역으로 확대되지 못하고 국경 안에 머무는 것이 문제가 된다. 이왕이면 언제 어디서든 '아시아인'이라는 공통의 정체성을 만들고자 하는 비전을 그들로부터 느낄 수가 있었다.

## 한류와 연결되는 아세안의 꿈

그런데 이와 같은 동남아시아 엘리트들이 꿈꾸는 구상이 알고 보면 '한류'라는 이름의 문화 상품이 어느 정도 현실화시키는 내용과 사실 별반 다르지 않다. 과거에는 중국을 정점으로 하는 중화주의나 20세기의 근대화의 선각자인 일류日流가 어느 정도 꿈꾸는 아시아적인 비전이기도 한데, 이제는 한류가 그 바통을 이어받은 셈이되었다.

적어도 우리에게 동북아인한·중·일이라는 정체성이 있는 까닭은 적어도 공자의 《논어》를 읽고 한자 문명권에서 살며, 쌀밥을 먹고 조상님께 제사도 지내는 등 동질성이 있기 때문이다. 동시에 우리는 세계시민의 일원으로 영어를 배우며 종교 생활을 하며 세계적인 음악과 영화를 즐기기도 한다. 한국인이자 아시아인이면서 동시에 지구촌 주민이라는 여러 정체성을 갖게 된 것이다. 이렇게 따지고 보면 한국의 콘텐츠를 전 세계인이 즐긴다는 것 역시 지역적 현상인 동시에 세계적인 현상이 된다. 나는 이처럼 지역에 대한 관심과 국경을 넘어서는 정체성의 비전이야말로 지역학이 추구하고자 하는 비전이며, 문명의 본질에 가까운 것이 아닌가 하는 생각을 하게 되었다.

《다시, K를 보다》에서 풀어놓은 생각은, K를 K답게 만드는 재료는 무엇이었는가에 대한 대답이 그 첫 번째이고, 두 번째는 그렇게 국경을 넘은 문화가 현재 아시아를 중심으로 한 여러 지역에서 어떠한 역할을 하고 있는가에 대한 고찰에 해당한다. K라는 문화가 국경을 넘어 흐르면서 아시아는 물론 우리 자신까지 변화시키고 있는 극적인 시대를 우리는 살아가고 있기 때문이다.

## 한류, 21세기 아시아의 새로운 문화

K가 단순히 문화 상품을 넘어 아시아라는 지역을 만들어내는 촉매제이자 접착제 역할을 하는 셈이다. 만일 한류 없이 온통 할리우드에서 만드는 디즈니 풍의 콘텐츠만이 넷플릭스를 타고 아시아에 전

달되었다면 아시아라는 개념은 진즉 해체되고 서구 사회와 별다른 것 없는 풍경과 삶의 모양새가 펼쳐졌을지 모르겠다. 하지만 아시아는 전혀 흔들림 없이 날로 그 위력을 더해가고 있으며, 거기에는 거기에 중화 문명이나 일본의 첨단 제품도 있지만, 한류로 상징되는 K의 사상과 상품도 뚜렷한 영향을 주기 시작한 것이다. 이런 '아시아 시대'가 펼쳐진다면 누구보다 한국인이 훨씬 더 유리한 고지에 있는 것, 또한 더 주도적인 역할을 할 수 있는 것이 아닐까 하는 기대감도 싹튼다. K가 아시아의 대표성을 지닐 수 있으리라는 생각에서다.

* * *

나는 한류가 한국만의 독창적인 무엇이라고 생각하지 않는다. 오히려 여러 지역의 문명적 힘들이 서로 교차하고 경쟁하며 만들어진 산물이라고 생각한다. 이것을 쉽고 명징하게 보여주는 사례가 국경을 쉬이 넘나드는 음악이나 드라마와 같은 케이 콘텐츠들이다. 물론 한류란 비단 노래나 드라마에 그치는 것이 아니라 여러 제도적·경제적·정치적 성취까지 포함된 결과가 된다. 나아가 나는 그것이 군사적 우위가 아니라 철저하게 문화적 우위로 표출되어 아시아인을 넘어 세계인의 공감을 받는 데 주목한다.

결국은 한국의 차례가 된 것이 아닐까? 과거 선진국들이 해왔던 역할을 이제는 우리가 해야 할 때가 되었다. 전 세계에 한류의 성과를 보이게 된 것뿐만 아니라 한류가 모두의 공감을 받는 모델이 된 것이다. 국경을 넘어선 한류라는 문명은 이웃으로 전파되고, 누군가 그것을 계승하고 발전시켜 다시 우리에게 영향을 줄 것이다. 이렇게 서로 영향을 주고받는 지리적 관계로 형성된 아시아 현대문명, 나아가 그 지정학적 의미의 복합체 'K'에 관한 고민을 이 책에 담아보았다.

2021년 11월
정호재

# 차례

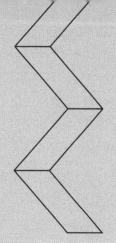

# 1장

## 한류, 아시아 문명의
## 철학이 될 수 있을까

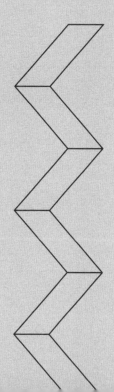

# 아시아 혁명의 최전선
# 케이팝 걸그룹 댄스

✕

## 춤, 지역과
## 민족성의 핵

몇 년간 미얀마를 오가느라 싱가포르에서 동가식서가숙東家食西家宿하면서 50대 초반 아버지와 고등학교 1학년 여학생이 사는 싱가포르 가정에서 에어비앤비로 두 달간 산 적이 있다. 브라델뷰라는 아주 낡은 아파트였는데, 부녀는 변두리 널찍한 아파트를 값싸게 빌린 뒤 방 두 개를 외국인에게 단기 임대해서 생활비에 보태고 있었다. 남편은 중국계, 아내는 인도계였는데 문화적 차이로 일찌감치 헤어졌고, 양쪽 문화의 특징을 모두 가지고 태어난 딸을 아버지가 키우고 있었다.

나는 구석진 쪽방에서 살았는데 가끔 집주인 딸이 찾아와 말벗이 되어주었다. "아저씨는 무얼 공부해요?" 질문이 꽤 당돌한 아이였다. 흔하지 않은 한국인 손님이라는 특수성도 있었겠지만, 외국 손님을 많이 겪어보았기에 스스럼없었을 수도 있다. 여하튼 이 아이는 아버지가 중국계이지만 외모는 누가 보아도 인도계 특유의 모습이었다. 당연히 정체성 고민이 있었을 테고, 자기 외모와 엄마를 따라 '인도인'이 되려는 결심을 몇 년 전부터 한 듯 보였다. 아파트 체육 시설에서 매주 있는 인도계 댄스 모임에도 정기적으로 참여했는데, 북과 장구를 치면서 빙글빙글 도는 인도식 전통춤을 추었다.

"아저씨, 인도 여성이 되려면 인도 춤을 출 수 있어야 해요."

"아, 그렇구나. 아저씨도 언제 구경 갈게."

아시아 지역학을 공부하게 되면 '민속춤'과 '음악'에 대한 상식을 어느 정도는 갖추어야 한다. 적어도 태국과 캄보디아, 미얀마 무용의 차이는 알아야 한다. 그런데 춤을 구분하려면 당연히 음악과 패션을 동시에 보아야 한다. 이들은 서로 떨어져 존재할 수 없는 전통의 핵심 구성 요소이기 때문이다. 얼마 전 중국의 '한복 공정' 음모론에 한국인이 격분했던 사건에서 알 수 있듯이, 민족의 전통은 의상, 춤, 음악이 하나로 표현되는 우리 몸의 일부이자 연장선이기에 한국인들이 더 민감하게 반응할 수밖에 없다. 전통 농업을 기반으로 신화와 기술, 역사가 패션과 사람 몸으로 표출되기 때문이다. 결국 '토속적'이라는 것은 남성의 근육보다는 여성의 아름다운 몸으로 극명하게 드러나기 마련이다. 춤과 패션은 가장 원초적이고 오래된 미디어이며, 게다가 여성의 춤은 대중성과 직업성까지 갖추고 있다. 싱가포르의 평범한 소녀가 인도 춤을 배워야 하는 결정적 근거가 되기도 한다. 민족 정체성의 핵심이기 때문이다.

# 한류의 리더,
# 아시아 여성

한류韓流를 전업으로 연구하지는 않았지만, 한류에 관심을 기울이다 보니 자연스레 한류의 미래를 묻는 질문을 자주 받았다. 그런데 한류를 정의하기가 무척 어려울 때가 있다. 문화에는 국적을 부여하기가 모호하기 때문이다. 실제로 한류 인기의 핵심 지역이라는 동남아시아를 아무리 돌아다녀도 대중문화에 대한 민감한 촉 없이는 한류가 유행하는지 유행하지 않는지, 실제로 인기가 있는지 없는지 가늠하기가 쉽지 않다.심지어 2015년 이전에는 '한류는 없다'고 주장하는 사람이 상당히 많았다. 싱가포르만 살펴보아도 어디를 가든 중국어와 한자 간판을 찾아볼 수 있고, 쇼핑몰에는 일본식 마트와 식당이 널려 있으며, 거리에는 일본과 미국의 자동차가 가득하다. 아시아의 물질적 인프라는 대개 중국제와 일본제가 차지하는 식이다. 그런데 한류는 대부분 음악과 드라마여서 쉽게 눈에 띄지 않는다. 게다가 이와 같은 디지털 콘텐츠는 공짜로 소비할 수 있는 경로도 다양해서 매출로 잡히지 않는 경우가 많다. 특히 아시아에서 한류의 핵심 소비층이 경제 주력 인구가 아닌 10대와 20대 여성이라는 점도 판단을 더 어렵게 만든다. 통계에 잡히지 않는 사각지대이기 때문이다.

앞서 말한 중국계 인도 소녀는 현대무용을 좋아하고 인도식 전통 춤을 배웠는데 그 와중에도 케이팝K-POP 댄스에 관심이 많았다. 전 세계 어디에서도 소녀와 여성이 춤에 관심이 있다는 것은 자연스러운 일이다.사실 남성과 여성은 춤에 접근하는 자세부터 확연히 다르다. 이 대목은 내가 아시아 여러 지역에서 두루 확인한 공통점이라고 할 수 있는데, 10~20대 소녀들이 반드시 추어야 할 춤 목록에 케이팝 댄스가 포함되어 있다.


## 왜 걸그룹 댄스일까

한국은 물론이고 동남아 전통춤을 살펴보면 두 발을 상당히 조심스럽게 처리한다는 공통점이 있다. 여성의 옷이 몸을 꽉 끼게 감싸기 때문에 그럴 것이다여기서 인도는 약간 다른데, 이는 인도 여성이 바지를 입기 때문이다. 발을 높이 들거나 다리를 찢는 안무가 없다. 한쪽에서는 벼농사 전통에서 그 이유를 찾기도 한다. 대개 전통무용을 배워왔고 현대무용으로 일부 학생들이 발레나 디스코를 따라 하기는 했겠지만, 20세기 내내 아시아적인 현대 댄스가 널리 유행한 사례가 없었다.

그런데 21세기에 접어들면서 '유튜브'라는 신문명에 실려 케이팝이라는 신선한 콘텐츠가 아시아를 폭격하기 시작했다. 심지어 미국 팝처럼 매번 순서가 바뀌는 자유분방한 댄스가 아니라 여럿이 자기 위치에 맞추어 정해진 안무를 소화하는 교과서적 댄스를 한다. 사실 핵심은 케이팝을 부르고 춤을 추는 가수들이 예쁘고 멋지니 따라 하고 싶은 것이다. 한국식으로 화장하고, 짧은 치마를 입고, 친구들과 함께 합을 맞추는 케이팝식 댄스는 아시아에서 한류의 성장과 의미를 보여주는 가장 명징한 사례다. 이는 이미 한류를 다룬 많은 다큐멘터리에서 증명한 사항이기도 하다. 그것이 케이팝 댄스인지 아닌지 꼬리표는 붙어 있지 않지만 따라 하는 사람들은 당연히 케이팝이라고 여긴다.

그런데 아시아의 수많은 젊은이가 현대 대중문화의 한 소비재이자 교보재로 케이팝 걸그룹 댄스를 선택했다는 것은 한국의 문화 생산자나 소비자들이 엄중하게 받아들여야 할 사안이다. 민족성에 덜 민감한 10대 소녀들은 특히 한류 댄스에 즉각 반응한다. 한류 댄스야말로 이 시기 아시아 문명의 최첨단에 있다. 그것이 너무도 당연한 까닭은 케이팝이 보여주는 여성성이 무척 '진보적'이기 때문이다.

언어 표현력에 한계가 있어 적확하게 펼쳐놓을 수는 없지만, 그 진보성은 결국 한국 사회가 지난 수십 년간 보여준 성평등과 여성의 적극적 사회 진출에서 나오는 '자신감'과 관계가 깊다고 본다. 손짓 하나, 발짓 하나는 물론 강렬한 눈빛과 선명한 표정은 현재 아시아의 어떤 나라 팝 문화에서도 내보이지 못하는 수준이다. 실제로 인도네시아에서는 아직도 많은 소녀가 무채색 히잡두둥을 쓰며, 몸이 드러나는 옷은 입지 못한다. 그럼에도 케이팝 댄스를 거침없이 따라 한다.

한국과 아시아 MZ세대의 변화를 가장 잘 보여주는 사례가 우리나라 걸그룹 있지Itzy나 스테이씨StayC라고 생각한다. 최근 한국 소녀들의 자신감과 예쁨, 나아가 멋짐까지 골고루 보여주는 아이돌이 바로 스테이씨다. 한눈에 보아도 '한국인' '케이팝'이라는 꼬리표를 단 듯한 표정과 패션, 댄스를 보인다. 왜 이들이 한국식이냐고 설명할 필요조차 없다.

블랙핑크는 시작부터 지금까지 줄곧 유럽식 명품으로 치장하고 영어 가사가 난무하는 노래와 유럽식 샹들리에로 가득 채운 뮤직비디오를 전면에 내세운 까닭에 이들이 '케이팝 걸그룹인가?' 하는 의구심이 들 때도 있다. 하지만 스테이씨가 보여주는 무대와 표정은 그야말로 케이팝의 정석이자 미래다. 이런 케이팝의 정석은 아시아 여성 혁명의 최전선이기도 하다. 특히 아시아 10대 소녀들은 케이팝 뮤비에서 몸짓 하나하나까지 너무 큰 영향을 받는다.

# '브리티시 인베이전'에 비견될
# 케이팝 인베이전

$\times$

## 케이팝에서
## 명곡을 보다

최근 자주 드는 생각이 있다. 케이팝 호황 시기(2015~2022)는 아마도 훗날 비틀스가 불길을 댕긴 영국의 브리티시 인베이전British Invasion(1964~1971) 또는 마츠다 세이코松田聖子로 대표되는 일본의 쇼와昭和 아이돌 시대(1974~1989)와 동일선상에서 비교되는 지극히 화려한 성취의 날들로 기록되지 않을까 하는 기대감이 바로 그것이다. 1990년대까지 한국 가요가 글로벌 차원에서 불리는 이름, 즉 케이팝은 2000년대 이후 주기적으로 호출되며 다양한 호기심과 기대감을 불러일으켰다. 물론 노예 계약 논란이나 젊은 연예인의 자살, 권력 유착 등으로 실망감을 전하기도 했다. 동시에 케이팝의 호황이 오래 지속되지 않으리라는 우려 또한 적지 않았다.

케이팝은 모두를 놀라게 하며 오뚝이처럼 다시 일어섰고, 지역적으로는 중국과 일본 등 동아시아에서 벗어나 동남아시아와 서아시아로 꾸준히 확장되었다. 최근에는 아시아를 넘어 미주와 유럽으로까지 번졌다. 10대만의 하위문화에 머물 것이라는 자조 섞인 예상역시 간단히 뛰어넘었다. 케이팝은 적어도 현시기 가장 쿨하고 생산성 높은 대중문화로 유튜브 지구촌 문화 시대를 선도하고 있다. 케이팝에 대한 평가는 지금보다 앞으로 더 좋아질 공산이 더 커졌다. 10대 시절 케이팝을 보고 들으며 자란 세대가 조만간 주류 세대로 성장할 테니 말이다.

1990년대 중반 캠퍼스에서는 대중문화가 대안적 정치 담론으로 급부상했다. 1980년대 민족해방NL과 민중민주PD 등의 운동권 담론이 장기간 지속했던 것과 사뭇 달라진 환경이었다. 현실정치 비평대신 영화를 놓고 비평하는 데 더 익숙한 상황이 펼쳐진 것이다. 문화비평지 《오늘예감》과 영화잡지 《키노》가 유행하고, 음악평론가 강헌이 주요 필자로 참여한 계간지 《리뷰Review》가 과감하게 한국 대중문화를 비평 대상으로 삼았다.

사실 그전에는 아무도 당대 한국 가요에 대한 평론을 쓰지 않았다. 주로 1960~1990년대 서양 팝을 베이스로 삼아 음악 관련 글을 썼는데, 강헌을 비롯한 용감한 평론가들은 약관의 서태지를 메인 인터뷰 대상으로 삼고, 듀스의 이현도를 진취적이라고 호평했다. 당시 대학생이던 나는 강변가요제 출신 이상은에 대한 칭찬도, 정태춘·박은옥에 대한 존경도 흥미로웠지만 댄스 음악이 평론 대상이 된다는 사실에 신선한 충격을 받았다.

2011년 무렵, 건강을 막 회복한 강헌 선생을 이태원에서 처음 만났는데, 대학 시절이 생각나서 그분을 자주 쫓아다녔다. 그때 그는 이미 대중음악보다는 클래식과 재즈, 나아가 주역과 양명학에 더 관심이 많았다. 그럼에도 여전히 열정적이고 날카로웠다. 내가 문화 평론을 시도할 때 그는 나에게 "대중문화 현상은 이론에 얽매이지 말고 몸이 허락하는 한 최대한 현장에 가서 느끼는 게 최선이다"라고 조언해주었다. 당대 문화를 오랫동안 곱씹고 논하려면 먼저 발로 뛰며 현장을 찾으라는 주문이었다. 현장에서 대중문화를 바라보면 노래나 영상의 내적 맥락뿐만 아니라 사회적·국제적 맥락까지 동시에 볼 가능성이 더 커질 수 있다는 뜻이기도 했다. 당시에는 그것이 무슨 뜻인지 잘 몰랐지만, 이제는 어느 정도 이해한다. 그때 존경하는 평론가 선배의 조언을 따라 아이돌 콘서트를 많이 찾아다녔다. 역시 책이나 텔레비전 화면으로 보는 것과 현장에서 보고 느끼는 것은 전혀 달랐다.

케이팝 아이돌 음악은 2010년에 첫 번째, 2015년에 두 번째 진화를 맞이하면서 본격적인 전성기가 시작되었다. 이 전성기가 아마도 2020년대 초반에는 어찌어찌 한 번은 쉬어가지 않을까 전망도 된다. 하지만 우리는 적어도 지금은 너무나 많은 천재와 인재가 쉴 새 없이 튀어나오는 화려한 대중음악의 시대를 살고 있다. 아시아의 젊은이들과 대화하려면 무언가 알고는 있어야 한다. 케이팝은 아이돌 음악이다 보니 회사의 성향과 프로듀서의 자질이 결정적 영향을 미친다. 그럼에도 한 아이돌이 7년 동안 발전해나가는 모습 또한 극적일 때가 많다.

훗날 명곡을 넘어 클래식으로 꼽힐 수 있다고 생각되는 여자 아이돌 10팀의 노래 10곡을 뽑아보았다. 개인 취향으로 보일 수도 있지만 많은 전문가의 의견을 참고한 결과다. 남자 아이돌은 엄두를 내지 못했다. 사실 나는 BTS방탄소년단, 빅뱅, 샤이니 정도 빼고는 남자 아이돌을 잘 모른다. 해마다 여성 아이돌 그룹이 40여 팀이나 데뷔하는 치열한 경쟁 속에서 모든 케이팝 아이돌을 정확히 안다는 것은 불가능한 일이다.

## 2015년 이후 발매된 케이팝 여자 아이돌 10대 명곡

| 순위 | 가수 / 곡명 | 발매일 | 비고 |
|---|---|---|---|
| 1 | 여자친구 〈귀를 기울이면〉 | 2017년 8월 | 여자친구의 무대매너는 BTS에 비견됨 |
| 2 | 레드벨벳 〈싸이코〉 | 2019년 12월 | 여성 아이돌이 거둘 수 있는 예술적 성취의 정점 |
| 3 | 블랙핑크 〈휘파람〉 | 2016년 8월 | 데뷔곡 자체가 레전드 오브 레전드. YG 프로듀서 테디의 위대한 선택 |
| 4 | 오마이걸 〈원디데이〉 | 2016년 5월 | 케이팝이 꼭꼭 숨겨둔 여자 아이돌 최고의 명곡 |
| 5 | 러블리즈 〈데스티니〉 | 2016년 4월 | 달과 지구의 관계를 연인으로 표현한 케이팝 가사에서 하나의 정점 |
| 6 | 에프엑스 〈4 walls〉 | 2015년 10월 | 설리에 대한 애정과 아쉬움을 표하며… 여전히 가장 실험적인 케이팝 |
| 7 | 여자아이들 〈싫다고 말해〉퀀텀 버전 | 2019년 9월 | 21세기 젊은 천재들이 무대에서 치열하게 노는 방법 |
| 8 | 트와이스 〈하트셰이커〉 | 2017년 12월 | 그야말로 젊음의 상징. 그 가운데 가장 생기발랄하고 흥겨운 노래 |
| 9 | 있지 〈달라달라〉 | 2019년 2월 | 21세기 Z세대 자체를 상징하는 그룹 |
| 10 | 아이오아이 〈Watta Man〉 | 2016년 9월 | 전소미, 김세정, 청하, 주결경 등 아이돌판 게임의 법칙을 바꾼 CJ Mnet이 낳은 아이돌 |

# 한국어의 가능성과
# 구글 자동번역 시대의 케이팝

×

## 한국어의
## 위상과 케이팝

2020년은 한국 대중음악사에 커다란 발자국을 남긴 해다. BTS의 싱글 〈다이너마이트〉〈Life Goes On〉 두 곡이나 빌보드 핫100 차트 1위에 올랐기 때문이다. 국제적 공인이나 표준도 아닌 팝차트 1위가 무슨 대수냐고 할 수도 있다. 그런데 대중문화는 원래 국가 체제나 유엔 같은 곳에서 과학적으로 보증해주는 것이 아니라 대중이 알아서 만들어간다. 게다가 빌보드 핫100 차트가 70년 넘게 한국 대중문화 영역에 미친 영향력을 생각해보면, 봉준호 감독의 〈기생충〉이 아카데미 작품상을 받은 것 이상의 충격이 될 수 있다.

물론 케이팝 빌보드 첫 1위곡 가사가 영어로만 되어 있다는 것은 아쉬운 점이다. BTS는 한국인으로만 구성된 케이팝 그룹임에도 세계적으로 성공한 이후에는 조금 더 보편성을 추구하기 위해 영어

가사를 적극적으로 사용하고 있다. 〈다이너마이트〉는 빌보드 1위에 오르려고 작심하고 영어 가사로 도전한 측면이 없지 않다. 다행히 곧바로 한국 가사를 앞세운 〈Life Goes On〉으로 〈다이너마이트〉의 아쉬움을 떨쳐내는 데는 성공했지만 영어 가사는 케이팝의 최대 딜레마이기도 하다. 한국어가 보편적인 세계 언어가 아닌 상황과 맞물린다.

　한국어의 위상은 10년 전과 오늘이 크게 다르고, 20년 전과 비교하면 격세지감이라는 말이 어울릴 정도로 빠르게 변하고 있다. 10년 전만 해도 외국인이 한국어로 자연스럽게 말하는 것이 신기해서 방송국에서 〈미녀들의 수다〉KBS 같은 특별 프로그램을 만들 정도였다. 그런데 이제는 그런 사례가 특별 대우를 받지 못할 정도로 흔해졌다. 한국에 와서 어학당을 다니며 한국어를 집중적으로 배우는 외국인이 급속도로 늘어난 것은 물론이고, 외국에서 우리말을 제2외국어로 배우는 학생과 일반인도 크게 늘었다. 모두 케이 컬처의 효과다.

　한국 드라마를 보거나 노래를 듣다 보면 그 뜻을 알고 싶다는 욕구가 자연스럽게 생기다 보니 한글도 빨리 이해하게 되었다. 한글 자음과 모음을 발음하는 것이 아시아 여러 나라에서 교양 있는 일이 되었다. '오빠' '사랑해' '안녕하세요' '미안해요' 같은 간단한 한국어가 상식이 된 나라도 많다. 특히 태국, 베트남, 미얀마, 캄보디아 등 동남아에서 한국어의 위상이 빠르게 올라갔다. 이들 나라의 도심 곳곳에서 한국어 학원 간판을 보는 것은 어려운 일이 아니다. 한국어가 영어, 중국어, 일본어에 이어 아시아 4대 언어의 위상을 차지한 것 같은 느낌도 든다. 다양하고 매력적인 콘텐츠의 힘도 있었지만, 한국에서 일과 학업을 하려고 준비하는 많은 동남아 노동자의 열망도 한몫했다고 본다.

그런데 선진국에서는 대부분 외국인 노동자를 제대로 대우하지 않는다. 일본, 홍콩, 싱가포르만 해도 외국인 노동자와 내국인을 차별하는 규정을 두고 한 달 임금으로 100만 원 남짓만 지급한다. 그러면서 "네 나라 임금과 비교하면 100만 원도 많지?" 하는 태도를 보인다. 그런데 우리나라 노동법 테두리 안에서는 외국인 노동자를 크게 차별할 수 없다. 이는 무수한 시행착오를 거쳐 깨달은 아시아 시대의 준비 과정이기도 하다. 그 덕분에 한국에서 취업하기를 꿈꾸는 이들이 더 늘었다. 케이팝 스타가 되고 싶다는 꿈이야 두말하면 잔소리다. 현재 아시아 10대의 가장 뚜렷한 꿈은 '한국에 가서 가수가 되는 것'에 가깝기 때문이다.

결국 외국인이 한국어를 배우고 싶어 하는 것은 한국의 시스템이 꽤 '문명적'이라는 말도 된다. 차별이 덜하고, 보상이 공정하고, 개인의 권리가 법적으로 보장받을 수 있다는 희망을 주는 것이다. 하지만 한국이 제3세계 노동자를 차별하지 않는 나라라고 자신 있게 말하기는 어렵다. 유색인종은 여전히 한국에서 차별적 시선을 받고 있고, 가난함과 누추함이 존중받지 못하는 사회이기 때문이다. 그럼에도 한국이 다른 아시아 국가들보다는 상대적으로 낫다는 말은 할 수 있다. 물론 우리도 더 좋아져야 하지만 다른 아시아 국가는 대부분 앞으로 훨씬 더 좋아져야 한다. 한국어를 배우고 싶어 하는 사람이 늘어나는 것은 좋은 징후다. 한국어를 배운다는 욕망이 우리가 과거에 영어를 배운다는 욕망과 크게 다르지 않기 때문이다.
우리가 영어를 열심히 배운 이유가 '조금 더 문명적인 세계'에 진입
하고 싶었기 때문 아닌가?


## 구글 번역기의
## 시대

　　　　　　　　한국어의 위상이 급격히 올라간 데는 인
공지능 번역 시대도 한몫했다. 한국어라는 장벽에 가로막혀 세계로
전파되지 못했던 콘텐츠들이 구글과 유튜브 등에서 제공하는 자막
<small>대개 사람이 번역</small> 서비스로 소통되면서 빠르게 확산했기 때문이다. 구글
번역기를 활용하면 한국어 콘텐츠를 80퍼센트 이상의 정확도로 영
어나 제3세계 언어로 바꿀 수 있다. 뉴스나 영상 콘텐츠를 보기가
그만큼 수월해진 것이다. 이런 일은 한국인이 영어 이외에 제2언
어, 제3언어의 문맥을 파악할 때도 적용된다. 이전에는 중국어, 태
국어, 인도네시아어로 된 뉴스를 읽으려면 어떻게 해야 했을까? 영
어가 가능할 경우 해당 언어 사이트가 영어로 번역되기만 하면 80퍼
센트 이상의 정확도로 뉴스를 읽을 수 있다. 한글→영어의 일반 번
역 수준을 고려하면 딱히 신뢰가 가지 않을 수도 있지만 없는 것보
다는 훨씬 낫다. 어쩌면 구글 번역기는 세계 평화와 소통에 가장 결
정적인 도구인지도 모르겠다.

　인공지능 번역 시대는 한국어에도 큰 기회가 될 수 있다. 과거에
한국인은 제1외국어인 영어는 물론이고 제2외국어와 아시아 신흥

국의 제3외국어까지 배우느라 스트레스가 이만저만이 아니었다. 외국어를 배우려면 스트레스가 너무 크다. 쉽게 되지도 않을뿐더러 나이가 35세만 넘어가도 생산성이 크게 떨어진다. 그런데 그런 부담을 컴퓨터와 네트워크가 상당 부분 해결해준다면 앞으로는 언어 장벽보다 다른 장벽을 무너뜨리는 데 집중할 수 있지 않을까?

인공지능이 완벽한 번역을 제공하지 못하는 것은 현실적 한계다. 하지만 아주 많은 사람의 외국어 스트레스를 상당히 줄여주는 정도의 역할은 한다. 번역의 생산성 역시 빠르게 좋아지고 있다. 모든 한국어 콘텐츠에 100퍼센트 완벽하게 외국어 자막을 제공한다는 것은 영원히 불가능한 일이다. 번역이라는 자원은 한정된 콘텐츠에 집중될 수밖에 없다. 과거에는 한국인이 해외에 제공할 콘텐츠를 직접 선정했다면 인공지능 번역의 시대에는 외국인이 한국에 "이 작품이 재미있어 보이니 제대로 번역해달라"라고 제안하거나 아니면 알아서 번역해서 보는 시대가 될 것이다. 그만큼 언어의 장벽이 크게 낮아졌고, 동시에 보편성을 지닌 콘텐츠로 무장한 한국어의 위상은 크게 높아진 것이다.

# BTS도
# 일종의 명품일까

## 스타 탄생의
## 조건

　　　　　　　　최근 한류를 연구하는 분들과 화장품 사업, 일명 케이 뷰티K-beauty 산업에 대해 의견을 주고받았다. 내가 "한국은 명품 산업이 당분간 어렵지 않을까요?"라고 회의감을 드러내자 화장품 전문가들은 단박에 간단한 논리로 이런 불신을 잠재웠다. "BTS는 세계적 명품이 되었잖아요. 그러니 다른 상품도 전혀 불가능한 것은 아니죠." '아하! 그렇구나. BTS를 명품으로 볼 수도 있구나' 하는 깨달음이 밀려왔다.

　10년 전쯤에 2시간 정도 만난 방시혁 빅히트엔터테인먼트 대표<sub>현재 하이브 이사회 의장</sub> 이야기를 지금 하려니 좀 머쓱하지만 그래도 해보겠다. 당시 뇌리에 박힌 가장 인상적인 발언은 '한국 남성 스타의 가능성'에 대한 그의 부정적 의견이었다. "왜 보이그룹이 아닌 걸그룹부터 만드나요?"라는 질문에 그는 "동양인 남자 가수에게 열광하는 서양 소녀를 상상하기 어렵다"라고 대답했다.

당시는 한국 보이그룹의 인기가 아시아에서 이른바 '먹어주던' 때였고 무엇보다 중국 시장에서 폭발하고 있었다. 그는 세계시장에서 통하는 보편적 스타를 상정하고 싶은데, 동서양의 문명 격차와 특히 동양 남자에 대한 서구의 오랜 편견, 즉 인종의 벽을 극복할 계산이 서지 않았던 것이리라. 그런데 놀랍게도 10년 뒤 BTS는 세계적 명품 대열에 합류했다.

전 세계에서 히트하는 상품을 만드는 것만큼이나, 평범한 사람을 글로벌 스타로 만드는 것이 그보다 훨씬 더 힘든 일이다. 잘생기고 춤을 잘 춘다고 되는 일이 아니기 때문이다. 스타는 개인과 엘리트 조직의 피와 땀만으로는 만들어지지 않는다. 스타는 팬이 자신의 모든 인격을 걸고 사랑하는 존재라고 할 수 있다. 개개인은 평등해 보이고 사랑이라는 감정은 독립적으로 보이지만, 속으로 들어가보면 계급적·문화적 배경도 세세하게 따진다는 것을 우리는 잘 알고 있다.

스타 탄생에는 육체적·정신적 사랑을 포괄하는 것 이상으로 사회문화적 맥락도 존재하는 셈인데, 그 배경을 종합한 것이 '문명적 힘'일 것이다. 방시혁 대표가 '동양인 남성 스타'를 상상하기 어려웠던 이유와도 일치한다. 지난 500년간 서양 세계에서 문명적 우위를 점했던 탓이리라. 지난 100년간 동양이 배출한 대중문화 스타는 이소룡李小龍, 브루스 리 정도가 아니었던가? 그마저도 마셜 아트martial arts, 태권도, 가라테, 유도, 쿵푸, 검도 등 동양에서 발전되어 스포츠로 널리 알려진 여러 격투 기술라는 아주 특수한 조건에서 이루어진 예외적 현상이었다.

## 서구의 남성성,
## 아시아의 여성성

혐오 감정 그 반대편에서는 문명에 대한 열망과 콤플렉스도 동시에 작동하는 법이다. 한국의 팝 역사를 거론할 때 빼놓지 않고 등장하는 1970년대 클리프 리처드Cliff Richard, 1980년대 레이프 가렛Leif Per Garrett, 1990년대 뉴키즈 온 더 블록New Kids On The Block의 공연이 서양인 스타에 대한 갈증과 열망의 직접적인 표현 아니었을까? 압도적이고 우월한 서양의, 서구 문명의 힘에 대한 존경과 사랑의 표시였을 것이다.

나는 섹슈얼리티sexuality, 성행위에 대한 인간의 성적 욕망과 성적 행위, 그리고 이와 관련한 사회제도와 규범, 성 정치 같은 단어만 들어도 사고가 마비된다. 하지만 적어도 서양 문명이 남성적 힘의 우월함으로 세계 체제를 이끌었다는 것, 그리고 아시아와 제3세계는 피해당한 여성성으로 오랫동안 상징되어왔다는 메타포 정도는 언급할 수 있다. 내가 흥미롭게 생각하는 방시혁 대표의 '아시아는 걸그룹부터'라는 발언의 논리적 배경에는 이러한 열패 의식이 작용했다고 이야기하면 과장된 것일까?

물론 문명의 힘을 역사적 유산이라고 할 수도 있다. 아시아 여러 지역을 돌아다녀본 결과 대부분 고급 식당과 호텔에는 프랑스 음식과 이탈리아 음식이 최상위 레벨을 형성했다물론 건축과 제도 측면은 영국과 독일이 정상을 차지하고 있다. 아주 가끔 일식과 중식도 존재감을 보이기는 했지만, 대중적인 명품 대열에 합류한 것은 결코 아니었다. 무려 1600~1850년대에 전성기를 구가한 프랑스와 이탈리아의 세력이 여전히 식문화와 패션 산업에 지대한 영향을 미치는 것이다. 뷰티 산업을 예로 들 때, 어떻게 후발 주자 가운데 가장 늦은 한국이 그 대열에 합류할 수 있을까? 당연히 유산이 부족한 한국에는 불가능한 일이 아닐까 하는 생각이 드는 것도 무리는 아닐 것이다.


## 스타는
## 기술의 산물인가

정보통신과 인터넷으로 대표되는 IT 기술은 세상을 평평하게 만든 1등공신으로 꼽힌다. 세계화·정보화 시대에 한국이 영토와 인구로 밀리지 않고 선진국에 합류한 배경에는 이같이 조금은 평평해진 세상이 있다는 시선도 존재한다. 산업화는 늦었지만 정보화는 늦지 않았기에 문명의 흐름에 뒤처지지 않고 빠르게 따라가는fast-follow 국가가 될 수 있었다는 것이다. 그 덕분에 서양 문화의 전파 속도도 빨라졌다. 1993년 서태지와 아이들 시대에는 직접 미국 여행을 다녀온 사람에게만 미국 음악을 베낄 자격이 주어졌다면, 2000년대에는 인터넷을 이용해 미국에 가지 않더라도 좋은 것은 손쉽게 배울 수 있는 환경이 되었다.

2005년 무렵 한국 지방도시의 비보이들이 세계 무대에서 연달아 1등을 한 적이 있는데, 그들이 밝힌 1등 비결이 바로 인터넷이었다. 물론 2010년 이후에는 단순히 인터넷에 그치지 않고 낮아진 국경과 항공 산업 덕에 직접 서구권을 오가며 문명 교류의 속도와 융합이 폭발적으로 늘어났지만 말이다.

다시 말해, BTS가 명품으로 성장한 것은 한국을 포함한 동아시아 정치경제, 즉 문명이 빠르게 서구와 대등한 수준으로 높아진 일과 무관하지 않을 것이다. 어차피 서구는 상대적으로 열등한 동양에서 배우지 않았다. 하지만 동아시아는 지난 100년간 치열하게 서구의 좋은 점을 보고 배웠다. 기술이 평등해졌고, 그 기술을 뒷받침하는 사회와 문화의 수준이 빠르게 높아진 대목을 잊어서는 안 된다. 개인과 프로듀서의 힘만이 아니라 동아시아 문명의 회복도 그 배경에 있다고 보아야 한다. 즉, BTS가 동아시아 문명 회복의 상징이라고 볼 수도 있다는 말이다.

앞서 한국의 화장품, 패션, 식문화 등의 문화 산업이 명품으로 도약할 가능성이 있는가 하는 질문에 부정적 반응을 보인 까닭은 기술 문제보다 더 뿌리 깊은 시간의 축적이나 인종 문제 같은 장벽이 있기 때문이다. 하지만 BTS와 블랙핑크 등의 케이팝은 그러한 편견을 씻어내기에 충분했다.

'대중음악과 드라마가 현대 문명의 전시장'이라는 생각을 자주 한다. 인류의 기술이 더욱 진보해서 마법 같은 기술이 나온다 해도 그 문명을 소화해서 무대에 선보일 때는 가수나 연기자가 가장 최전선에 있다는 것이다. 이전 세기에는 문명을 관람하도록 엑스포 같은 대형 전시회가 열렸지만, 이제는 넷플릭스에서 케이 드라마를 보거나 유튜브로 케이팝을 보고 듣기만 하면 된다. 문명의 전시장에서 가장 좋은 부스에 BTS가 들어선 셈이고, 당연히 BTS는 한국 문화와 동아시아 문명을 온몸으로 증명하고 있다. 그리고 조만간 한국산 명품 브랜드가 등장할 것이라고 믿는다. 그런 일이 어떤 식으로 일어날지는 알 수 없지만, BTS 같은 명품이 탄생했는데 소비재 브랜드가 그 뒤를 잇지 못할 이유도 없다.

# 한국 4대 엔터기업 CEO의
# 철학적 기반

×

## CEO의 철학이
## 엔터기업의 색깔을 정한다

대학에서 공부한 경영학은 지나치게 실용적인 데다가, 경제학에서 차용한 파이낸스 분야를 제외하면 역사가 짧고 학제적 뼈대가 부족한 것이 사실이다. 개인과 조직의 경쟁 우위를 위해서라면 어떤 학문 분야라도 가리지 않고 빌려왔다. 심리학과 역사학은 물론 정치학, 사회학, 물리학, 철학까지 모두 아무런 체계 없이 잡다하게 동원되는 셈이다. 이렇듯 경영학이라는 학문이 워낙 실용적이고 방대한 지식으로 구성된 탓에 실전에서 적확하게 써먹기가 쉽지 않았다. 다만 그 과정에서 깨우친 사실은 최고경영자CEO의 절대적 중요성이었다. 내가 느낀 경영학의 제1원칙은 회사의 흥망성쇠는 CEO에 달렸다는 것이고, 제2원칙 역시 'CEO 생각의 크기만큼 회사가 성장한다'는 것이었다. 경영학은 한마디로 CEO학, 제왕학이라는 것이다.

우리나라 엔터기업의 철학은 무엇일까? 엔터기업은 일종의 미디어 예술이자 사람을 자원으로 삼는 아주 신박한 업종으로 하나의 창조 기업에 속한다. 게다가 인터넷 혁명 이후 사업의 판 자체가 전 지구로 바뀌어버렸다. 엔터테인먼트는 대중에게 미디어적인 즐거움을 주는 일, 곧 스타를 만드는 일이 핵심이다. 그러다 보니 스타의 행동 기준이 절대적으로 중요하다. 프로듀서는 결국 스타의 행동 양식을 정해주는 일종의 감독이다. 이런 행동 양식과 음악을 소화하는 방식은 국경을 넘는 문화 현상을 연구하는 나에게 최적의 소재가 되기도 한다. 4대 엔터기업의 철학적 기반에 대한 아이디어가 떠올라 지난 10년간 느낀 총평을 해보려고 한다.

케이팝 4대 엔터기업은 SM, YG, JYP, 하이브다. CEO 철학이 아티스트에게 미치는 영향과 나아가 회사 색깔로 드러나는 대목에 집중했다. 결론은 CEO의 삶과 그 내면에 뿌리 박힌 철학이 기업의 색깔과 아주 깊게 연관되어 있다는 것이다.


## SM 엔터테인먼트, 왕국주의와 봉건주의

중년 남성들은 보통은 SM에스엠에 적지 않은 거부감이 있었다. 이미 10년도 훌쩍 넘고 20년을 향해 가는 이야기이지만, SM은 자신들의 강력한 팬덤특정한 인물이나 분야를 열성적으로 좋아하는 사람들 또는 그러한 문화 현상을 기반으로 'SM Nation'이라는 왕국을 선포한 적이 있다. 국기까지 만들어 잠실운동장에서 실제로 국가 선

포식까지 했을 정도였다그때는 재미있는 쇼라고 여겼지만 돌이켜보니 단순한 쇼가 아
니라 나름의 사상적 기반이 있는 행위였다. 또 한 번 경악하게 한 뉴스가 있었다.
연말·연초쯤 자체 무도회를 하는데 중앙에 이수만 회장이 앉아서 무
대를 관람하고 소속 가수들이 흥겨운 쇼를 펼친다는 것이다. 순위는
당연히 이수만 회장이 결정하고 상금과 상품도 푸짐하다고 한다.

　이 뉴스를 보고 어이가 없었다. 스타를 기업의 조직원처럼 취급
하다니… 대기업 장기자랑 수준 아닌가? 나아가 멤버도 회장이 결
정하고, 데뷔가 결정되면 왕국의 수장이 기사에게 작위를 내리듯
예명까지 하사한다. 2010년 이전 상황이기는 한데, 일본의 쟈니스
1962년 설립된 일본의 남성 연예인 전문 대형 연예기획사를 벤치마킹했다고 해도 너
무 한다 싶었다.

　SM은 아주 막강하고 강력한 일체감이 있다. 뚜렷한 성주城主가 있
고 아시아 전역에서 모아온 뛰어난 장수들이 있으며 충성스러운 팬
덤이 존재한다. 왕국의 정치체제를 갖춘 셈이다. 배신자는 엄하게
처벌하며 수익 배분 역시 왕국의 규칙이 우선이고 글로벌 홍보도
왕국 자체의 치밀한 전략과 전술에 따른다. 팬덤을 보고 장사하는
것일 뿐 보편성은 조금 떨어진다. 다만 강력한 일체감은 타사를 압
도한다. 그런 일체감과 CEO의 강력한 존재감은 SM이 대단히 실험
적인 음악을 시도하는 배경이 되기도 한다. 최근 SM에서 발표한 매
우 아름답고 귀족적인 노래들은 다른 케이팝에서는 쉽게 따라 하기
힘든 독보적 영역을 보여주고 있다. 이 모든 일이 이수만이라는 불
세출의 엔터 거인이 있었기에 가능했다고 본다면, 이런 영광이 얼
마나 오래 지속될지는 두고 볼 일이다.

# YG 엔터테인먼트,
# 1등 도가사상

YG와이지 양현석은 대단히 흥미로운 인물
이다. 학력과 무관하게 대한민국 춤판에서 1등을 하고 엔터 사업에
서도 1등을 했다. 무림의 고수 출신은 왠지 다르다. 언젠가 기사에
서 그의 엘리트 이론을 읽은 적이 있는데 그의 철학이 물씬 묻어난
다고 느꼈다.

> 잘한다는 게 뭐냐고요? 일류들 옆에서 꾸준히 버틸 수 있으면 그게
> 일류예요.

그의 철학이 자신만의 절대적 기준에 있다기보다는 상대적 가치
에 있음을 잘 보여주는 말이다. 그리고 실제로 무대 비즈니스가 그
렇다. 엘리트 옆에서 밀리지 않고 자기 퍼포먼스만 보여주면 아주
잘하는 것이다. 다만 잘하는 것을 구분할 사람이 필요하다. 그렇게
YG는 꾸준하게 무림의 고수들이 경쟁하는 케이팝 시장에서 1등을
자주 했다. 서태지와 아이들로 1등을 시작했고 빅뱅과 2NE1투애니
원은 물론 블랙핑크로도 가볍게 세계 1등을 만들었다. 이것이 간단
할 것 같지만 절대로 쉽지 않은 일이다. 회사의 산출물은 절대적으
로 CEO의 눈높이를 따라가기 마련이다. 그러다 보니 블랙핑크나
2NE1의 노래 수는 많지 않다. 그럼에도 YG 노래들은 수록곡 하나
하나 버릴 것 없이 주옥같다.

YG 소속 가수의 콘서트에 두 번 가보았는데 공통점이 있었다. 가

수들의 공식 추임새가 '놀자'였다. YG 가수들은 흥을 돋울 때 '신나게 놀자'고 연신 외쳤다. 당연히 콘서트장은 토요일 밤의 대형 클럽처럼 신나고 흥겹다. 오너부터 10대 시절 클럽에서 흥을 내며 놀았던 것에 특화된 기업 문화가 있기 때문이라는 데 생각이 미쳤다. YG의 철학은 노장철학에서 이야기하는 '신명 나게 한 판 제대로 놀자' '이 순간을 영원히'에 가깝다. 당연히 사회가 정한 선을 넘기 딱 좋다. 유교의 절대 선보다는 도교의 상대적 안분지족安分知足이다. 또 전체적으로 1등이라는 목적은 있지만, 규율에 따르는 스트레스는 덜하다.

## JYP 엔터테인먼트, 기독교식 섹시함

10년 사이에 인물 평가를 180도 바꾼 사람이 박진영이다. 걸그룹 원더걸스 시절만 해도 JYP박진영라는 사람의 존재 자체가 별로 탐탁지 않았다. 소속사 가수보다 자기 홍보에 나서는 모습이 좋지 않게 보인 것이다. 하지만 시간이 지나면서 JYP의 진면목을 알게 되었다. 그는 자신만의 확고한 엔터 철학으로 한국 엔터계를 바꾸는 데 선봉장이 되었다. 특히 무대 위에서는 섹시를 추구하지만, 무대 바깥에서는 사회도덕을 챙기는 모습은 의외의 감동을 주기도 했다. 엔터 비즈니스는 타락하기 쉬우니 경계해야 한다는 것이다.

그의 철학은 기독교 철학에 바탕을 두었다고 본다. 선함good이라는 지향점이 뚜렷하고 악evil에 대한 인식이 확고한 경영자다. 그가 키워낸 트와이스 멤버 9명이나 이전의 2PM과 2AM방시혁, 갓세븐을 보아도 얼굴에 기독교적 선함이 진하게 묻어 있다. 그런데 어떻게 이것이 박진영의 엔터 철학인 '섹시'와 조화를 이룰 수 있을까? 그 선을 구분하는 것이 중요하다. 나는 박진영이 섹시와 퇴폐를 구분했다고 본다. 그가 키워낸 여성 아이돌, 박지윤부터 미쓰에이를 거쳐 트와이스와 있지까지 박진영이 추구하는 섹시는 말 그대로 선을 넘지 않는 건강한 섹시함이다. 절대 타락하지 않겠다는 절박함과 긴장감이 있다.

트와이스 콘서트장에서 느낀 큰 주제는 '10대 소녀들이 이룬 꿈'이었다. 치열한 연습생 시기를 짧게는 3년에서 길게는 10년 가까이 거쳐 무대에 오른 노력이 영상에 펼쳐졌고, 결국 멤버 모두 눈물바다를 이루었다. 팬들도 울고 박진영도 울고…. 눈물로도 대중에게 즐거움을 준다는 것이 참으로 놀라운 비전이라고 생각했다.


## 빅히트 엔터테인먼트, 유교적 아이돌

2011년 빅히트현재 하이브 방시혁 대표와 인터뷰할 때 그의 학창 시절 이야기가 나왔다. 어린 시절을 물어보니 전주에서 자랐다고 했다. 전주에서 태어나지는 않았지만 아버지가 공무원으로 오래 근무하셨고, 아버지 고향이 전주라 거기서 자랐다는 것이다. 전주, 공무원, 학창 시절 수재, 서울대, JYP 엘리트 프로듀서…. 자라온 환경만 보면 방시혁은 전형적인 대한민국 유교주의 기업인에 가깝다. 본인이 인정하든 그렇지 않든 말이다.

BTS가 〈다이너마이트〉로 빌보드 1위를 하며 얻은 별명이 유교 아이돌이다. 뮤직비디오 내용은 아침에 우유를 마시고 친구들과 즐겁게 놀며 오늘 무엇을 할지 고민하면서 마이클 잭슨 춤을 따라 하는 것이다. 빌보드 경쟁자인 카디비의 음악이 질펀한 섹스 이야기가 판치는 상황이라 국내 팬들이 유교돌, 공자의 후예라는 별명을 붙여주었다. BTS가 꿈꾸는 선한 영향력이라는 세계 자체가 유교적 세계다. 성선설에 기반을 둔 엔터테이너 자체가 사회의 롤 모델을 꿈꾼다. 전 세계 어르신들이 흐뭇한 표정을 짓기에 좋다.

그런데 과연 엔터테인먼트와 고루한 '유교주의'가 결합할 수 있을까? 방시혁은 바로 이 대목에서 천재성을 발휘한다. BTS 멤버 전체를 지극히 완벽하고 선한 이상향으로 만들어버린 것이다. 퍼포먼스의 일체감에서 시작해 표정과 가사 하나하나가 종합되어 만들어지는 세계관을 통해 BTS 멤버들을 이상적인 군자 모습으로 프로듀싱했다. 유엔총회 연설을 하는 아이돌이라니. 노래 자체가 흥겹다기보다는 BTS의 존재감 자체가 우리가 잊고 있던 아름다움에 대한 향수와 존재의 상승 욕구를 불러일으킨다. 알코올과 자극적 노출 없이도 달성할 수 있는 일종의 미학 영역이라 하겠다.

# 카라, 걸그룹의 위상과
# 역사를 바꾼 개척자

×

## 생계형 아이돌 카라의
## 일본 시장 석권

2017년 초 트와이스가 뜨고 나서야 JYP 정욱 대표를 간신히 만났다. 평론가 출신인 정 대표는 이미 20년 전부터 엔터 업계의 마당발로 유명했다. 내가 엔터 업을 전담한 적이 없어서 그제야 만나게 된 것이다. 그는 청담동 사무실에서 나를 보자마자 "아이고, 왜 이제야 왔어요?"라며 사무적 반가움을 표했다. 당연히 "트와이스가 너무 감동적이기에 왔다"라고 했더니 "이전에는 감동적인 JYP 아티스트가 없었나요?"라고 되물었다. 비수를 장착한 고수의 질문이었다.

그러고 보니 딱히 JYP 아이돌에게서 깊은 인상을 받은 적이 없었다. JYP가 미쓰에이나 원더걸스로 걸그룹 명가이기는 했지만 내가 이들을 그리 좋아하지 않았던 탓이다. "그럼 누구를 좋아했나요?"라는 집요한 질문에 떠올려보니 10여 년의 추억이 휙 지나가고 결국 답이 도출되었다.

"저는 아무래도 DSP 카라와 큐브의 포미닛 취향이었던 것 같습니다. 역시 카라네요."

케이팝 엔터 사업의 수익성은 남자 아이돌이 책임지지만 대중성은 여자 아이돌이 도맡는다. 대중성이 중요한 이유는 엔터 업이 어느새 자본 시장의 영역, 권위 있는 뉴스의 세계로 들어왔기 때문이다. 주식 시세만 해도 SM은 소녀시대 이후 5배, JYP는 트와이스 이후 7배 올랐다. 위기의 YG를 멱살 잡고 끌고 가는 팀이 2NE1과 블랙핑크이기도 했다. 여자 아이돌은 시장 평판을 안정적으로 이끄는 케이팝 산업의 '무소의 뿔' 같은 존재다.

이렇듯 열광적인 팬을 이끄는 남자 아이돌의 그늘에 가려졌던 여자 아이돌 시장을 글로벌 영역으로 확대한 그룹이 다름 아닌 대성기획 DSP의 이호연 대표와 그의 마지막 아티스트 카라(2007~2014)다. 카라는 핑클의 직속 후배이자 트와이스의 일본 개척을 가능하게 한 하늘 같은 선배다. 카라는 케이팝에서 역사적 중요성이 가장 큰 걸그룹인데, 멤버였던 구하라의 비극적 사건 탓에 재평가를 받을 기회를 잃었다.

지금이야 우리가 케이팝이니, BTS니, 세계적 걸그룹이니 하지만 카라와 소녀시대가 데뷔한 2007년만 해도 한국 아이돌은 일본의 제이팝 시스템을 도용한 가요 시장의 하위문화로 여겨졌다. 가벼운 온라인 연예 뉴스감에 불과할 뿐 묵직한 메인 뉴스나 일반 뉴스에서 걸그룹 이야기를 풀어내는 것은 상상할 수 없었다. '오타쿠 취미까지 뉴스에서 다루어야 해?'라는 시선이 절대적이었다. 이미 1998년

SES에스이에스와 핑클이 케이팝 1세대 여자 아이돌의 서막을 알렸지만 대중의 시선은 여전히 '이것도 대중음악인가?' 하는 의심의 눈초리를 보냈고, 특히 보수 언론은 더할 수밖에 없는 엄숙주의 시대였다.

물론 SES나 핑클은 방송사의 시청률을 책임지는 킬러 콘텐츠였다. 1999년 MBC 주철환 PD의 특강을 들은 적이 있다. 그는 "핑클의 이효리가 등장하면 바로 시청률이 치솟는 게 눈에 보일 정도다. 그러니 예능 PD들이 핑클을 안 쓸래야 안 쓸 수 없다"라고 토로했는데 딱 거기까지였다. 여자 아이돌은 방송에서는 살아 숨 쉬지만, 지면에서는 별로 할 이야기가 없는 전혀 다른 차원의 존재였다. 적어도 2010년까지 연예 뉴스와 일반 뉴스의 벽이 높았다는 말이다. 그만큼 연예 시장을 낮추어 보는 고루한 시선이 사회에 많았다.

이런 분위기에서 1980년대부터 한국 연예 시장에 들어온 역전의 노장이 이수만 회장과 이호연 대표다. 두 사람 모두 일본 제이팝의 느낌과 시스템에서 영감을 많이 받았다. 지금은 SM을 더 잘 알지만 사실 시장의 진정한 리더는 대성기획이었다. 소방차, 잼, 젝스키스, 핑클…. 제이팝을 벤치마킹하며 준비한 이호연 대표의 마지막 아티스트였던 카라는 일본 시장에 커다란 충격파를 안기며 정상에 섰다. 한국에서 일본의 시스템을 모방한 이후 한국과 일본 두 나라에서 처음으로 동시에 정상에 서는 기념비적 이정표를 만들어낸 것이다. 일본의 기술을 받아온 삼성이나 현대차는 일본 내수시장에서 1등을 해본 적이 한 번도 없다. 하지만 이호연/카라는 그 일을 해냈다*물론 SM의 보아가 있었지만, 솔로보다 그룹이 훨씬 어렵고 케이팝의 정수를 담았다고 보기에 제외했다. 2010년부터 2012년까지 카라의 일본 활동은 역사적이라는 수식어가 아깝지 않았고, 자연스레 걸그룹 활동이 뉴스 영역에 포함되기 시작했다.

카라의 성공이 더 감동적이었던 이유는 2007년부터 2009년까지 초창기 멤버들이 '디시인사이드'에 직접 댓글을 남기며 팬들에게 관심을 호소할 정도로 '생계형 아이돌'이었기 때문이다. 원래 한국인은 체면 때문에라도 걸그룹에 지갑을 열지 않는다. 앨범을 사지도 않고 콘서트에 가지도 않는다. 걸그룹은 담론 대상도 아니었다. 그러니 회사의 투자가 제대로 될 수 없었다. "걸그룹 노래도 음악이야?"라는 비아냥거림이 있던 시절이다. 그런데 카라가 그 모든 편견과 굴레를 벗어던지고 일본 시장에 진출해 1등을 한 것이다.

일본 음악 시장의 규모는 한국 시장의 100배라는 말이 나돌 정도로 컸다. 걸그룹 시장은 원래부터 주류 시장이었다. 당연히 카라의 성공은 DSP로 하여금 넘쳐나는 현금을 주체하지 못하게 만들었고, 카라의 행보 하나하나는 일본과 한국 두 나라 미디어의 큰 관심을 받았다. 여성 아이돌의 대중성이 보여주는 무시무시한 힘을 한국의 모든 미디어와 대중이 본격적으로 깨달은 것이다. "아, 여자 아이돌이 돈도 되고 뉴스도 되는구나. 가자, 일본으로! 만들자, 여자 아이돌!" 이렇듯 카라의 성공은 케이팝 지형도 자체를 바꾸는 역사적인 한 걸음이었다.

## 대중적 카라의
## 위대함

나는 이호연 대표를 꼭 만나보고 싶었지만 만날 수 없었다. 케이팝에 막 관심을 가진 2010년, 그가 뇌출혈로 쓰러져 카라의 성공을 제대로 누려보지 못한 채 세상을 떴기 때문이다. 당연히 선장을 잃은 카라는 2016년 뿔뿔이 흩어졌고, 명가 DSP 역시 추락했다. 하지만 DSP가 몰락했기에 이호연 대표의 선구안과 존재감이 더욱 빛난다고 할 수 있다. 그는 케이팝의 대중성에 공식을 만든 위대한 커뮤니케이터였다.

핑클과 카라의 노래를 들어보면 공통으로 느껴지는 감정이 있다. 쉽고 대중적이고 재미있다는 것이다. 카라의 노래들은 하나같이 대중적이되 저속하지 않고, 유행의 첨단은 아니지만 누구나 쉽게 이해하고 즐길 수 있다. 쉽게 말해 오래가는 명곡들이다. 게다가 DSP는 원래 안무로 유명한 회사다. 호랑이 댄스 트레이너 배윤정을 이호연 대표가 발탁했을 정도다.

이호연 대표는 이수만 회장과 정반대 노선에 섰다. 이 회장이 끊임없이 마니악한 아이돌 음악으로 틴에이저 음악과 차별화하는 것을 기업의 정체성으로 잡았다면, 이 대표는 대중성에만 초점을 맞추었다. 그가 사당동에서 섭외했다는 이효리의 경우 데뷔하고 24년이 지났는데도 대중성 하나만큼은 그 누구와 비교할 수 없을 정도로 압도적이고 카리스마가 넘친다.

따지고 보면 핑클이나 젝스키스, 카라 모두 이호연이 성공시킨 아이돌이다. 그의 예기치 않은 이른 죽음은 카라와 케이팝 전체의 손실이기도 했다. 하지만 대표의 선구안이 좋다고 해서 아이돌이 모두 성공하는 것은 아니다. 한승연, 박규리, 구하라, 니콜로 이어지는 환상적인 케미와 귀엽지만 당당한 콘셉트가 카라의 주특기였다. 나는 카라 멤버 가운데 미국에서 온 니콜에게 눈길이 갔다. 아이돌을 볼 때 주로 표정을 살피는데, 니콜만큼 천진난만하고 노래와 춤에 재능 있는 사람은 흔하지 않았다. 그런 니콜이 2013년 무렵 소속사와 분쟁을 겪고 한국을 떠날 때의 표정은 너무 처량하고 슬퍼 보였다.

## 구하라의
## 비극

내가 케이팝에 가장 바라는 상황은 그룹이 1차 7년 계약이 끝난 뒤 멤버들의 성공적인 일반인 복귀 또는 지속적이고 성공적인 연예인 생활이다. 남자 아이돌은 쉽지 않지만, 여자 아이돌은 가능하다. 여자 아이돌은 대중성이 높은 만큼 마니악하지 않기 때문에 본인의 노력과 기획사의 지원 여부에 따라 다양한 연예 활동을 아주 오래 누릴 수 있다. 인기 남자 아이돌보다는 상대적으로 자유롭고 가능성도 크다.

그런데 겨우 20대 중후반 가수들이 자꾸 극단적 선택을 하는 이유는 순전히 후진적인 엔터 기획사의 방치나 적대적 무관심, 시스템 부재라고 표현할 수밖에 없다. 이는 회사 시스템 자체였던 이호연 대표가 쓰러지고 난 후 DSP의 무능력을 지적하는 것이기도 하다.

케이팝의 가장 중요한 대목은 '연예인, 기획사, 방송사, 미디어 3자의 유기적 관계'라고 할 수 있다. 따라서 젊은 연예인들이 비극적인 죽음으로 삶을 마치는 사안에 대해, 특히 기획사들이 책임을 지고 사회가 감시·감독을 해야 한다. 단적으로, 자살한 연예인의 소속사는 공중파 3사에서 소속사 가수 전체에 대해 몇 년간 출연을 정지하는 특단의 조치를 해야 한다그래야 기획사들이 어떻게든 방안을 마련할 듯하다. 구하라의 죽음은 개인의 가족사가 문제가 아니라 케이팝 시스템 자체의 결함으로 받아들여야 한다.

세상 아름답던 카라와 그녀들의 가장 아름다운 시절의 노래는 MP3와 유튜브에 박제되고 말았다구하라의 비극을 알고 어찌 그 노래를 다시 들으랴. 그들이 세상에 나와 외쳤던 〈Rock You〉라는 도전적 목소리와 〈프리티 걸〉 〈루팡〉 등의 명곡을 기억한다. 카라 없이 케이팝 2세대 걸그룹의 글로벌 시장 진출이 가능했을까? 미디어의 높은 벽을 깰 수 있었을까? 카라는 역사에 남을 위대한 걸그룹이다.

# 케이팝 1~3세대가 마주한
# 시대적 과제

✕

## 케이팝은
## 아시아 교류의 산물

인구가 3억 명 정도 되는 섬나라 인도네시아는 한국과 지리적·문화적으로 그리 가까운 나라는 아니다. 비행기로 6시간 이상 이동해야 하며, 종교도 이슬람이 대부분이다. 그럼에도 한국에 대한 선호도는 단순히 높다고 표현하는 것으로는 부족할 정도다. 특히 케이팝에 관심이 가장 많은 나라여서 가히 폭발적이다. 1980년대 한국 젊은이들이 아하A-Ha, 웸Wham!, 마이클 잭슨, 마돈나를 좋아했던 것과 똑같다고 보면 된다. 그냥 음악이 좋아서 듣고 그것이 유행하는 것인데 언어가 무슨 상관이겠는가. 노래에서는 가사가 별 의미가 없다는 것을 인니인은 잘 알고 있다. 우리도 내용을 잘 모르면서 팝송을 듣지 않는가.

자카르타 한국문화원의 의뢰로 2020년 겨울과 2021년 3월, 케이팝에 대한 짤막한 강연을 두 차례 했다. 사실 강연하기 전 케이팝에 대한 유의미한 정보와 그 배경을 어떻게 설명할지 고민스러웠다. 첫 번째는 케이팝의 세대 구분을 잘 모를 것 같아서 내가 가끔 들먹였던 케이팝의 세대론을 실마리로 이야기를 풀기로 했다. 케이팝의 세대 구분에 대해서는 이견이 있겠지만 많이 인용되는 견해를 요약하면, 기준은 7년 데뷔 연도이고 IMF가 시작된 1997년이 원년이다. 우리나라의 글로벌라이제이션케이팝은 1997년이 원년이라고 할 수 있다. 다음은 두 번의 강의에서 다룬 내용을 정리해본 것이다.

## 우리나라의 케이팝 세대 구분

| 구분 | 해당 가수(그룹) |
|---|---|
| 1세대(1997~2004) | SES, 핑클, H.O.T, 젝스키스 |
| 2세대(2004~2011) | 동방신기, 슈퍼주니어, 빅뱅, 소녀시대, 카라, 2NE1 |
| 3세대(2011~2018) | 엑소, 트와이스, BTS, 레드벨벳, 블랙핑크 |
| 4세대(2018~2025) | NCT, IZone, 있지, TXT, 에스파 |

케이팝은 역사가 그다지 길다고 볼 수는 없다. 보통 21세기 이후를 케이팝, 1990년대까지를 한국 가요라고 한다. 케이팝은 정의하기에 따라서 무척 다양한 이야기가 나올 수 있는데, 내가 주목하는 부분은 ① 케이팝의 발전이 한국의 발전 과정과 엇비슷하고, ② 아시아 여러 지역과의 교류와 상당히 밀접한 관계가 있다는 대목이다. 한국의 현대사와 맞닿아 있다는 이야기다.

사전 조사를 해보니 인도네시아에서 좋아하는 한류 스타들은 세대 구분 없이 뒤섞여 있었다. 슈퍼주니어최시원, 빅뱅지드래곤, BTS정국,

블랙핑크제니, 엑소백현, 세븐틴민규, NCT루카스, 재현, 아이유, 스트레이키즈방찬, 아이콘바비, 소녀시대윤아, 레드벨벳슬기 등이 인도네시아에서 사랑받는 대표적 한류 스타였다. 이는 어느 지역이나 엇비슷했다. 한국에서 인기가 있으면 대개 동남아에서도 인기가 있는데, 이는 드라마 시장에서도 마찬가지다. 알게 모르게 우리가 이제 많은 것, 즉 스타는 물론 기호와 가치를 공유한다는 증거다.

대중문화는 국제 관계에서도 의미가 작지 않다. 무엇보다 '우리가 공유하는 즐길 거리가 생겼다'는 의미가 크다. 적어도 공통의 추억이 생겼기 때문이다. 이는 우리가 진정한 친구가 될 수 있다는 말이다. 최근 한국 드라마와 영화음악, 화장품과 음식을 접하며 한국에 대한 추억과 느낌 등을 많이 갖게 된 것이다. 만일 아시아 사람들이 할리우드나 서구 대중문화만 소비하며 자랐다면 절대로 만들어질 수 없는 연결 고리다.

하지만 1970년대까지만 해도 한국은 고립된 나라였다. 무엇보다 해외여행이 쉽지 않았고 한국에 사는 외국인도 손에 꼽을 정도로 적었다. 1988년 서울올림픽이 한국을 간신히 국제무대에 데뷔시킨 셈이다. 그러니까 당시 경제 상황도 그렇게 좋지 않았고 정치도 상당히 불안정했다. 그래서 1980년대에는 대학생들이 거의 매일같이 거리에서 시위를 벌였고 전투경찰이 거리를 메웠다. 경제는 발전했지만, 정치적·사회적으로는 꽤 우울하고 억압적인 세계였다.

1980~1990년대 한국 젊은이들은 주로 가사를 잘 이해하지 못하는 팝송을 들었다. 이유는 딱 하나인데, 팝송을 즐기는 모습이 멋져 보였기 때문이다. 영어를 몰라도 상관없다고 느꼈고, 실제로 영어

친숙도는 서구의 대중가요를 듣는 것과 아무 상관이 없었다. 팝송이 주는 선진적 느낌이 좋았다. 한국인에게 미국은 거대하고 첨단으로 가는 자유로운 나라로 여겨졌다. 케이팝은 어찌 보면 미국 문화의 영향을 압도적으로 받은 것이다.

## 한국 대중문화의 대대적인 발전

그런데 1980년대부터 1990년대 중반까지 홍콩 문화가 한국에 밀물처럼 밀려들었다. 당시 한국 청춘들에게 영화와 음악 등 홍콩의 대중문화는 충격과 놀라움 자체였다. 특히 홍콩 영화에 나온 유쾌하고 재기 넘치는 스타들, 예를 들어 성룡, 주윤발, 장국영, 장만옥, 임청하, 홍금보 등 홍콩 스타들의 존재감은 압도적이었는데 따지고 보면 현재 인도네시아 젊은이들이 한류 스타들의 이름을 줄줄이 대는 것과 똑같다.

당시 한국 젊은이들에게 홍콩은 거의 유일한 해방구였다. 한국은 너무 답답하게 느껴지지만, 홍콩은 자유로워 보였기 때문이다. 특히 간간이 서울을 방문하는 홍콩 스타들의 모습이 멋지고 당당해 보였다. 당연히 한국 가수들은 홍콩 배우와 가수를 따라 했다. 홍콩의 거의 모든 것이 한국 청년들을 들뜨게 했고, 이런 열광이 한국 대중문화의 가능성과 미래를 만든 셈이다. 이것이 사실 개방의 힘일 것이다.

미국과 홍콩의 영향을 받은 한국 가요는 1990년대 부쩍 발전하고 성장하는 모습을 보인다. 1992년 서태지와 아이들이라는 혁신적 그룹이 나온 것이 대표적이다. 미국의 영향을 반영하듯 서구적이고 유행의 첨단을 달리는 노래가 인기를 끈 것이다. 게다가 당시 스물한 살 젊은이 서태지가 한국의 전통음악도 껴안은 실험 정신을 보여주었다는 것이 더 흥미로운 일이다. 댄스와 힙합 그리고 전통음악까지 포괄해서 한국 가요판을 뒤집어놓았다. 성공적으로 치른 1988년 서울올림픽이 자신감을 주어 1990년대 한국의 빠른 경제성장과 민주주의 확산의 바탕이 된 것이다.

1992년은 한국 민주주의가 처음 시작된 상징적인 해다. 군부 출신 대통령이 사라지고 문민정부가 출범했다. 문민정부의 출범과 함께 검열 문화도 대대적으로 반성하게 된다. 1993년 이전에는 모든 책, 영화, 음반, 잡지, 신문이 꽤 까다로운 규제와 심사를 받아야 상업적으로 공개될 수 있었다. 그런 검열이 1993년에서 1997년 사이에 사라졌다. 대중문화에서 검열이 사라진다는 것은 아주 중요한 발전 포인트가 된다. 국가권력이 이제는 개입하지 않는다는 의미이니 말이다.

빠르게 발전한 한국 대중문화는 1990년대 중반 일본 대중문화의 개방으로 더 크게 발전하는 계기를 얻는다. 한국과 일본의 과거 관계를 볼 때 사실상 전면 개방은 아주 중요한 사건이었다. 1945년 해방된 직후부터 1960년대까지 한국은 일본과 정치·경제를 포함한 거의 모든 측면에서 관계를 끊었다. 1967년 미국의 강압으로 한국과 일본이 수교하면서도 대중의 정서를 고려해 대중문화만큼은 단절을 지속했다.

일본을 보는 한국의 감정은 당연히 좋지 않았다. 한국이 18세기 이전까지는 문명적으로 일본에 밀리지 않았기 때문인데, 일본이 빠르게 근대화에 성공하고 제국주의로 변모해 아시아를 지배하다 보니 일본과 한국의 관계가 뒤틀린 것이다. 한국과 일본의 수교는 필연적이었는데, 무엇보다 냉전 시기인 그때 미국에는 한국과 일본의 화합이 절실했다. 한국의 군부는 타협책을 제시하는데, 정치적·경제적 수교는 하되 대중문화 교류는 막아둔 것이다. 그래서 1945년부터 1997년까지 50년간 일본의 거의 모든 문화가 한국에서 사실상 금지되었다.

하지만 1980~1990년대 들어 일본의 대중문화는 알음알음 한국으로 수입되었다. 특히 1990년대 젊은이들과 대중예술인은 일본의 문화 코드를 적극적으로 수입해 사용했다. 즉, 일본의 막강한 제이팝과 엔터테인먼트 시스템이 한국에 소개되어 케이팝의 성립과 발전에 막대한 영향을 미쳤다. 여기까지가 1990년대 후반에서 2000년대 초반까지 대략적인 상황이다.

근래 한국의 변화에서 가장 결정적 사건은 1997년 말 벌어진 '아시아 금융 위기'다. 당시 한국의 외환보유고가 말라붙으면서 무척 힘겨운 구조 조정을 겪어야 했고 태국, 인도네시아 등 아세안 지역도 힘겨운 시절을 보냈다. 돌이켜보면 1997년이 아시아 지역에 드리워진 냉전 체제 구도가 흔들린 시기였다. 정치·군사 권력의 빈틈을 금융자본주의가 빠르게 치고 들어와 아시아 각국 정부를 뒤흔든 것이다.

금융 위기를 기점으로 한국에서는 조금 더 급진적인 개혁·개방

바람이 일었다. 한국에서 영어는 물론 중국어, 일본어 열풍이 시작된 것이 1997년이며, 이때 해외로 나가는 학생과 기업이 많았다. 재벌의 절대적 우위 구조가 흔들리면서 젊고 빠른 벤처기업과 스타트업이 관심을 끌었다. 이는 대중문화에서도 마찬가지여서 많은 기획사가 시장 논리를 따랐다. 지금은 널리 알려진 SM, YG, JYP 등은 아주 작은 스타트업으로 시작한 벤처기업이었다. 이렇게 작은 회사들이 내놓은 아이돌이라는 상품이 케이팝의 주류가 되었고, 이것이 현재 우리가 케이팝으로 알고 있는 기획사, 아이돌 음악이 된다. 1997년 금융 위기 이후 데뷔한 아이돌이 케이팝 1세대, 2007년 무렵이 2세대이고 현재 3세대가 끝나고 4세대가 시작되었다고 볼 수 있다.


## 케이팝 아이돌의
## 탄생과 진화

한국 아이돌 산업은 한국 사회 발전과 밀접한 관계가 있다. 1997년부터 2000년까지 만들어진 케이팝 아이돌을 보통 1세대 아이돌이라고 한다. H.O.T, 젝스키스, 핑클, SES가 대표적이다. 2세대는 2005년에서 2008년 무렵으로 여자 아이돌은 소녀시대, 카라, 2NE1이 있고 남자 아이돌은 빅뱅, 인피니트, 동방신기 등이 있다. 3세대는 2014년 무렵으로 트와이스, BTS, 블랙핑크 등이 있다.

한국의 1인당 국내총생산 성장 그래프는 널리 알려져 있다. 1990년대 중반에 1만 달러를 기록했다가 IMF 금융 위기로 내려앉았다. 노무현 대통령 시기에 2만 달러를 찍었지만, 다시 위기를 맞았다가 2017년 무렵 3만 달러를 넘어 이제는 3만 3,000달러 수준으로 꾸준히 성장 곡선을 만들어냈다. 그러고 보니 1세대 아이돌은 1만 달러 시대, 3세대 아이돌은 3만 달러 시대를 만들어냈다. 현재 4세대 아이돌은 4만 달러 시대에 대응될 것이다.

1세대 아이돌 탄생은 한국 민주화와 연관되어 있는데, '방송 민주화'가 가장 결정적인 영향을 미쳤다. 1997년 이전에는 한국도 부정과 부패가 상당했고, 권력이 방송을 지배하는 일이 빈번했다. 방송은 권력의 소유물에 가까웠고, 시장 논리에서 상당히 멀리 자리했다. 이 경우 스타 탄생에는 시장의 경쟁이 아니라 뇌물과 인맥의 힘이 더 크게 작용했다. 아주 많은 연예기획사 관계자와 방송국 PD, 라디오 DJ들이 이러한 부패 구조에서 벗어나지 못했다. 2000년대 중반까지도 이러한 부패로 검찰 조사를 받고 기소되는 일이 비일비재했다. 산업이 성장하려면 이러한 부패 구조가 극복해야 할 과제였고, 실제로 한국 사회가 빠르게 민주화되면서 구태는 시장 논리로 재편된다. 즉 시장의 경쟁, 소비자의 기호가 우선이 된 것이다.

2세대 엔터테인먼트 산업이 직면한 문제는 기획사의 아이돌 착취, 즉 노예 계약이었다. 이는 지금도 많은 나라의 엔터테인먼트 산업이 직면하는 큰 문제로, 산업이 인재를 너무 가볍게 취급하는 구조적 문제다. 결국 시민사회와 국가가 개입해 표준약관을 정하면서 7년 이내로만 계약할 수 있게 한 사회적 지원이 큰 도움이 되었다. 이 같은 중재 덕분에 많은 젊은 인재가 케이팝 산업으로 안착하게 되었다. 실제로 일본과 중국 등 많은 나라에서 인재가 한국으로 왔는데, 계약이 믿을 만하고 연예인에게 불리하지 않았기 때문이다.

3세대 3만 달러 시대의 케이팝 엔터테인먼트 산업은 팬과 연예인 간의 불공정한 관계라는 과제에 직면한다. 연예인이 자살하는 사건이 대표적인데 명예훼손, 온라인 댓글 공격, 팬들과의 직접적 관계로 인한 심리적 부담감 등이 그렇다. 이런 문제에 연예기획사와 연예인들이 조금 더 적극적으로 대응하고 나섰고, 이제 온라인 명예훼손이나 공격성 댓글은 비판의 도마에 오르고 있다.

내가 자카르타 한국문학원에서 한 강의의 제목은 '케이팝, 아시아 교류의 산물'이다. 앞서 케이팝에 미국적·유럽적·일본적·홍콩적 유산이 많이 들어갔다고 했는데, 실제로 케이팝에는 아세안적 요소가 많지 않다. 아세안과 관계는 이제 만들어지고 있다고 보아야 한다.

동남아에서는 YG 블랙핑크의 인기가 뜨거운데 그 이유가 무엇일까? 음악이 좋아서? 멤버들이 매력적이어서? 리사가 있어서? 맞다. 태국인 리사 때문이다. 방콕 어디에 가든 리사 사진이 보여 놀란 적이 있다. 태국인이 리사를 자랑스러워하고 사랑한다는 점이 느껴졌다. 리사는 아시아에서 가장 유명하고 영향력 있는 가수다. 그러니 태국인의 자랑이자 아시아인의 자랑일 것이다. 필리핀도 마찬가지다. 필리핀에는 2NE1의 산다라박이 있다. 그는 한국인이기는 하지만 부모가 일찌감치 필리핀으로 이민 가서 타갈로그어를 구사하며, 필리핀에서 데뷔한 필리핀 연예인이기도 하다. 그 덕에 필리핀 사람들이 2NE1을 무척 좋아했으니, 한국과 필리핀의 문화적 교류에서 한 상징이라고 할 수 있다. 트와이스의 멤버 쯔위는 대표적인 대만 출신 케이팝 가수다. 태국 출신으로는 2PM의 닉쿤, 갓세븐의 뱀뱀, 여자아이들의 민니가 있다. 조만간 베트남이나 인도네시아 출신 아이돌도 나올 것이다. 인도네시아 출신으로 여자 아이돌 그룹 시크릿넘버의 멤버로 활약하는 디타가 있지만 더 많은 인재가 한국으로 올 것이다.

그런데 왜 모두 케이팝 스타를 원할까? 나는 이를 아시아 젊은이들의 '야심'으로 해석한다. '보편성'에 대한 꿈이 있기 때문이다. 당연히 태국, 인도네시아, 미얀마의 젊은이도 한국인처럼 똑같은 조건 위에 서 있다는 뜻이다. 젊은이들이 조금 더 세계적인 문화를 즐기는 이유는 세계적 인물이 되고 싶다는 꿈 때문일 것이다.


## 아시아적 관점에서 본
## 한국의 변화


### 쿠데타

나는 싱가포르에 머물며 아시아 연구를 진행하는데, 2020년과 2021년은 코로나19로 이동과 만남에 많은 제약이 가해져 연구에 큰 타격을 입었다. 한 가지 더 영향을 받았는데, 2021년 2월 1일 미얀마에서 벌어진 쿠데타다. 나를 포함해 미얀마와 아세안을 연구하는 전 세계 모든 연구자가 혼란에 빠진 것인데, 쿠데타를 전혀 예상하지 못했다기보다는 설마 군부가 도발할까 하는 생각이 강하게 작동했기 때문이다. 게다가 쿠데타가 군부에 별다른 실익이 없다고 판단했다. 공기업 지분이나 대규모 토지, 자원 개발권은 이미 군부나 전직 군인, 친군부 재벌이 확보한 상황에서 미얀마가 개혁·개방으로 해외투자를 받아 개발도상국으로 도약하는 것이 윈윈win-win이라고 보았는데, 이는 순전히 경제 논리였다. 결국 아시아를 제대로 이해하지 못한 것이다.

쿠데타로 불과 4개월 만에 공식 집계로만 무고한 시민 850여 명이 거리에서 죽임을 당했다. 1990년 시점으로 다시 순간 이동한 것이다. 이런 상태로 1년 뒤 평화적이고 공정한 선거가 진행될 수 있을까? 아웅산 수치Aung San Suu Kyi를 기소한다는데, 다시 가택 연금을 하게 되면 시민들의 불만과 저항은 어찌하려는 것일까? 쿠데타는 현실이고 진행 방향을 예측할 수 없다.

## 이행론

지난 20년간 미얀마를 비롯한 아시아 많은 나라의 연구 주제는 '이행론移行論'이었다. 즉, 트랜지션transition 과정에 있다는 것이다. 아시아의 많은 저개발국가도 냉전이 끝나 역사의 승자는 결판났고 세계화도 얼추 진행되었으니 이제는 권위주의를 끝내고 민주주의 또는 공화주의 원칙에 맞는 정부를 세울 수 있지 않을까 하는 기대감이었다. 언론의 자유를 보장하고 시장을 개방하면 아시아 시대가 본격적으로 개막되지 않을까 하는 희망 회로를 작동시킨 것이다. 베트남이라는 좋은 사례도 있고 '일대일로一帶一路, One belt, One road, 중국 주도의 '신실크로드 전략 구상'으로, 내륙과 해상의 실크로드경제벨트를 지칭'라는 중국의 거창한 프로젝트도 있지 않은가?

그런데 그러한 20년간의 기대감이 최근 4~5년 사이에 '미·중 갈등'을 필두로 신냉전 분위기가 고조되더니 아시아에서 권위주의로 복귀하려는 흐름이 엿보인다. 홍콩과 신장위구르의 인권 탄압 사태는 물론 대만과 중국의 갈등, 미얀마와 인도네시아의 극우 종교 발호, 일본의 후퇴, 중국의 제국화, 인도의 힌두 독재, 태국의 퇴화, 이란의 강경파 득세 등의 흐름에서 2021년 미얀마 쿠데타가 꼭짓점을 찍었다. 그 와중에 한국만 은근히 두각을 보이는 것 같다. 2010년 이후 비틀거리더니 2020년 후반이 되자 오뚝이처럼 앞으로 치고 나가는 것이 느껴진다.

한국이 어떻게 해서 각박한 국제 정세 속에서 살아남아 1세계로 진입했을까? 북한의 도발, 중국의 겁박, 일본의 딴지, 미국의 간섭에 더해 내부적으로는 정치권력을 노리는 재벌의 발호, 타협할 수 없을 것 같은 극심한 정쟁, 부패와 무능, 대통령제의 위기, 제조업의 쇠락, 지방의 몰락, 생산 인구의 정체 등 한국에는 위기의 순간이 많았다. 그런데도 상당히 강한 모습으로 21세기에 두각을 나타낸 것이다.

### 미얀마에 대한 예측

19세기에 태어나 1960년에 죽은 퍼니발John Sydenham Furnivall이라는 영국 학자는 미얀마인과 결혼해 현지에서 거주한 인물로, 죽기 직전 자신의 연구를 바탕으로 미얀마 진로를 예언한 적이 있다. 이방인인 그는 상당 기간 대영제국 식민지 관료로 살아왔는데, 그 과정에서 영국의 대책 없는 자유주의가 아시아의 농업 기반 '왕국'을 어떻게 변화시키고 망쳐놓았는지 관찰과 고민을 거듭했다.

그는 터무니없는 식민지 정책과 그로써 형성된 국가 성격을 토머스 홉스Thomas Hobbes(1588~1679)가 재발견한 괴물 리바이어던이라고 중간 결론을 내렸다. 게다가 20세기 초 미얀마는 영국 관리가 직접 지배한 것이 아니라 '인도총독부'에서 원격 조종했다. 그러니까 부산에서 시베리아 정도 되는 지역의 행정을 좌지우지한 것이다. 그러니 그 정책이 현실과 동떨어지고 3등 시민도 아니고 4등 시민쯤 되는 미얀마인을 상대로 했기에 지극히 이념적인 정책이 마구 적용된다. "세수가 부족해? 그러면 인두세 올려. 노동력이 부족해? 그러면 인도인과 중국인을 보내. 경제발전을 해야 한다고? 그럼 쌀 생산량과 수출을 늘려. 목재도 늘리고." 이 과정에서 미얀마는 전통 사회가 무너지다 못해 썩어 문드러지고 이중 삼중의 식민지, 즉 무간지옥이 되어버렸다.

독립을 앞둔 1950년경 퍼니발이 내린 진로 예측은 두 가지였다. 첫째, 축구를 제외한 모든 '영국적인 것'은 미얀마에서 거부될 것이다. 즉, 아주 강력한 내셔널리즘이 미얀마 사회를 상당 기간 지배할 것이라고 내다보았다. 둘째, 만일 그렇지 못하면 내분으로 지지부진하다가 결국 나라가 흩어져 중국이나 인접국에 흡수되어 사라질 것이다.

퍼니발의 이 같은 예측은 이후 상당히 많은 아시아 학자에게 영감을 주었으며, 지금도 유효하다. 아웅산 수치라는 인물은 사실 '영국적 가치'의 상징이기도 한데 미얀마 엘리트들은 서구 중심 세계화에 뼛속까지 거부감을 가지고 있다. 퍼니발이 수치의 등장을 예상했을 리는 없지만, 미얀마 군부와 토착 세력, 전통 세력, 민족 세력, 불교 종단에는 미얀마의 얼굴을 한 수치와 결코 화해할 수 없는 간극이 가로막고 있다.

그런데 이것이 단순히 미얀마만의 문제는 아니다. 따지고 보면 미얀마의 현실은 태국과 크게 다를 바 없고 조금 더 떨어진 호메이니Ayatollah Ruhollah Khomeini의 나라 이란과도 다르지 않다. 이란에서는 팔레비 왕조 때 잠시나마 여성들이 짧은 치마를 입었고 남성들은 서구식 양복을 입기도 했다. 하지만 지금 이란의 수도 테헤란에서 이 같은 차림을 한 현지인은 찾아보기 어렵다. 전통으로 복귀하려는 힘이 세계화의 힘을 넘어선 것이다. 이란뿐 아니라 사우디도 그렇고 아프가니스탄 등 중앙아시아의 많은 나라도 그렇다. 우리와 이웃한 중국만 해도 내심 전통적인 '중화 질서'와 '황제국'으로 복귀하기를 꿈꾸고 있다. 그러니 지난 100년간 미국 중심의 세계화 시도가 아시아에서 상당 부분 일장춘몽으로 끝났고, 다시금 자신들의 전통적 가치에 기반한 자주적·폐쇄적 갈등의 시대로 접어들 수도 있다.


## 한국의 경우

최근 아시아 상황을 되돌아볼 때 한국의 선전이 반갑지만 두렵기도 하다. 동시에 한국은 어떻게 1세계로 퀀텀점프quantum jump, 대약진를 할 수 있었을까 하는 의문이 든다. 그렇다고 한국이 전통을 모두 폭파한 것도 아니다. 아시아의 모든 국가가 한국을 모델로 하거나 한국처럼 될 수 없다 해도 도대체 어디쯤에서 한국과 미얀마의 운명이 갈렸을까? 이런 고민을 다시 할 수밖에 없게 되었다.

이행론의 관점에서 보면 많은 선배 학자가 치밀하게 분석하기는 했다. 미국을 등에 업은 이승만의 집권과 토지개혁이 손꼽히거나 1960년 4·19혁명과 1987년 민주항쟁 속 시민 정신의 중요성도 강조된다. 또는 박정희의 집요한 국가 중심 인프라와 중공업 투자라는 개발독재도 언급된다. 당연히 정치경제가 중심이 될 수밖에 없으며, 북한과 대비 효과 때문에라도 미국·일본과 긴밀한 연결이 빠질 수 없고, 정치 지도자의 결단 역시 빼놓을 수 없다. 이미 큰 틀에서 한국 발전에 대한 분석은 나올 만큼 다 나온 것이 아닐까 싶다.

그런데 앞서 설명한 미얀마나 아시아적 변화와 이행의 어려움을 생각하면 다시 본질적인 '역사의 존재감'으로 돌아갈 수밖에 없다. 역사의 저력 말이다. 이 대목은 분석적인 사회과학적 방법론으로는 도저히 도출할 수 없는 '문명의 힘'이라고 생각한다. 즉 한국의 선전善戰에는 삼국시대 때 시작해 고려·조선을 거쳐 켜켜이 쌓인 문명적 힘이 지속해서 현대사에까지 직간접적 영향을 미친다고밖에 볼 수 없다.

역사학을 전문적으로 공부하지 않아서 한국사를 어떻게 바라보아야 할지 철학은 빈약하지만, 아시아의 변화를 살펴보니 문명적 접근법이 큰 틀 안에서 직관적으로 명쾌하게 해석하는 방법이 아닐까 싶다. 조선시대만 살펴보아도 《경국대전》의 반포나 세종대왕의 한글 창제, 대장경과 《조선왕조실록》, 농업기술 개발, 이순신의 호국 의지, 수많은 의병의 봉기, 유생과 사림 실학파의 치열한 이념 논쟁 등 모든 복잡다단한 우여곡절이 현대사와 그리 멀리 떨어져 있지 않았다. 오늘날 아시아의 거의 모든 국가나 정치체제가 과거와 떼려야 뗄 수 없는 관계성에서 진보와 퇴보를 반복하기 때문이다.

미얀마 군부가 초기에는 반제국주의-반자본주의라는 거창한 이념을 내세웠지만, 시간이 흐를수록 드러나는 실체는 봉건 왕조의 '칼 쓰는 왕'의 행태와 크게 다르지 않다. 호메이니가 시동을 건 신정神政 역시 이 같은 맥락에서 볼 수 있다. 중국의 화려한 복귀는 '문명의 회복'이라고 볼 수도 있지만 사실 '중화 질서'로 복귀하는 것도 된다. 1980년대에 일본이 세계 최첨단으로 발돋움하다가 다시금 지방 봉건영주 정치로 돌아가는 것도 문명적·지리적 틀 안에서 움직이는 것이다. 다시 말하면, 한국의 과거와 현재가 당대 어떤 문명과 비교해도 그리 부끄럽거나 뒤처지지 않았다는 방증이기도 하다.

## 미시적 분기점

한국이 부흥한 것이 온전히 문명의 힘이라고 해석하면 너무 성의 없을 것이다. 이를 아시아적 관점에서 볼 때 우리는 대략 세 가지 역사의 분기점을 지나왔다는 생각이 든다.

첫째는 1987년 6월 민주항쟁에 따른 대타협6·10 민주항쟁과 6·29 민주화선언이다. 아시아 여러 나라에서 일어나는 군부의 퇴행적 행보를 지켜보니 노태우의 역할을 재평가할 수밖에 없다. 물론 한국의 군부가 자발적으로 물러난 것은 아니다. 임박한 1988년 서울올림픽과 세계 경제에 편입된 해외 자본의 압력이 높았을 수도 있다. 즉, 개방과 지리의 힘이다. 하지만 직선제 수용과 5년 단임제 개헌은 결과적으로 훌륭한 타협이었고, 이후 군부의 정치 개입을 막는 좋은 선례가 되었다. 5년제 대통령제 또한 이상적이지는 않지만, 꽤 훌륭하게 작동했다.

둘째는 1997년 외환 위기라는 도전과 IT를 기반으로 하는 사회 변화다. 만일 외환 위기와 이를 극복하려는 노력이 없었다면 한국 사회가 그리 빠르게 개방사회와 변혁적 경제모델 사회가 될 수 없었을 것이다. 파괴적 개혁의 계기가 외부에서 온 셈이다. 거기에 우리의 내적 저력이 있었기에 가능했다. 1982년 한국형 전자 교환기 Digital Electronic Switching System, TDX 사업에서 1998년 초고속 인터넷 인프라까지 정보화 고속도로의 선행 투자에서 비롯한 IT 산업은 한국인에게 '우리도 세계 1등이 될 수 있다'는 강한 자신감을 주었을 뿐만 아니라 실제 사회구성체의 여러 관계를 전복적으로 뒤바꾸는 변곡점이 되었다.

셋째는 2016년 말의 '촛불과 탄핵 심판'이다. 이는 상당히 오랜 기간 한국 사회는 물론 아시아 전역에 커다란 반향을 일으키고 울림이 될 것이다. 어쩌면 1987년 체제의 한계를 극복하는 의미도 있다. 그리고 재벌이나 판사를 비롯한 엘리트들도 알게 모르게 묵직한 교훈을 뼛속 깊이 새기는 계기가 되었다.

## 아사비야

북아프리카 정치인 이븐 할둔Ibn Khaldun은 40대에 4년간 은거하면서 자신이 경험한 사라센 문명을 분석한 역사 서설을 집필했는데, 이것이 그 유명한 중세의 걸작 《무카디마Muqaddimah》다. 그는 여러 문명의 부침을 직접 경험한 뒤 아사비야Asabiyyah라는 개념을 만들어냈는데, 이것을 가진 문명이 흥한다는 것이 핵심 논지다.

문명의 부흥에서 정수라고 할 수 있는 아사비야는 '단결' '사회적 자본' '공동체 정신'이라고 번역할 수 있다. 경영학적으로는 '신바람 정신'일 수도 있고 '으쌰으쌰 정신'이라고 할 수도 있다. 동양에서 널리 활용되어온 '의리義理'라고 해석할 수도 있겠다. 한마디로 전혀 과학적이지 않은데, 실제로 문명의 핵심 작동 원리는 비과학적일 수 있다. 그만큼 문명의 부흥은 분석하기가 어렵다.

이와 같은 논지를 거시적으로 보면 그 핵심은 '변방에서 의리로 단결한 세력이 중앙의 화려하지만 나태해진 문명을 극복하고 정복하는 것'으로 요약된다. 그 '의리의 정신'이 바로 아사비야라는 것이다여기서 의리라는 것은 내 해석이다. 《삼국지》에서 '도원결의'가 바로 그것이고, 칭기즈칸 테무진의 몽골 부족 통합이 바로 그런 맥락이 아닐까? 한국의 현대사에도 봉건과 현대, 엘리트와 시민, 정치권력과 산업 권력의 투쟁과 갈등 등 다양한 투쟁과 통합이 있었다. 변방인 한국은 오랜 기간 '의리'와 '합리성'으로 아사비야를 쌓아 오늘에 이른 것은 아닐까.

# 한류에게 아시아는
# 벽인가 기회인가

$$\times$$

## 박진영과 방시혁의
## 새로운 도전

한류의 확산 역사에서 가장 흥미진진하면서도 변곡점이 된 순간이라면 아마도 2003년 무렵 JYP제이와이피의 두 핵심 멤버였던 박진영과 방시혁이 미국에서 팝 프로듀서로서의 인맥을 쌓을 시기가 아니었을까. 박진영은 1971년생, 방시혁은 1972년생이니 당시 30대에 갓 접어든 혈기 왕성한 때였다. 1990년대 20대를 남다른 천재성으로 돌파한 이 두 프로듀서에게 당시 미국은 팝의 본고장으로 어떻게든 인맥과 비즈니스의 싹을 틔워야 할 궁극적 목표였을 것이다.

그런데 당시 한국의 상황을 기억하는 사람은 공감하겠지만, IT와 금융을 포함한 그 어떤 분야든 토종 한국인이 미국에서 무언가 비벼보기가 만만치 않던 시기였다. 사실 경쟁이나 합작이라는 단어가 무색할 정도로 한국 대중음악은 세계시장에서 인지도가 없었다. 물론 박진영은 2000년 초 지오디GOD 등을 성공시킬 무렵부터 미국 녹음실을 오가며 꽤 인맥을 쌓았다고는 하지만, 당시 관전자들은 대부분 "한국인이 흑인음악하겠다고? 그게 말이 되는 소리야?"라고 비웃기 일쑤였다. 미국 음악 시장의 벽을 높게 보고 불가능에 가깝다고 느꼈다는 이야기다.

## 박진영 대 방시혁의 노선 차이

꼼꼼한 방시혁과 딱 보아도 털털한 박진영은 하여튼 미국 유학 겸 사업 초보 프로듀서 생활에서 파열음세간에는 '양말 사건'이라고도 불리는데, 함께 자취 생활 중 세탁물 관리 문제로 충돌했다을 겪고 각기 다른 길을 걷기 시작한다. 박진영은 미국에 남고 이후 방시혁은 한국으로 복귀한 것이다. 미국 흑인음악 씬은 지속적으로 케이팝에 중대한 역할을 하게 되는데, 박진영은 과거 흑인 모타운을 벤치마킹한 원더걸스를 2007년에 데뷔시켜 대박을 만든 직후 곧바로 이 소녀들을 미국의 전국 라디오 방송을 겨냥한 로드쇼에 출연시킨다. 현지 바닥부터 시작해 올라가야 한다는 박진영의 '세계화' 철학 때문인 듯싶다.

방시혁도 BTS를 데뷔 초기 잠시 미국으로 데려가기는 하지만, 그것은 글로벌 쏘울을 넣어주겠다는 차원이었을 뿐 곧장 미국 시장에 데뷔시키기 위해 끌고 간 것은 아니었다. 여하튼 이 둘의 차이는 꽤 흥미로운 비교 포인트를 주고 있다. 이후 방시혁이 본인의 회사

빅히트를 만들면서 내세운 구호가 "아시아의 1등이 되겠다"인 것도 이런 맥락에서 해석해보면 흥미롭다. 이 밖에도 사례는 많다. JYP 는 뮤직비디오를 찍을 때도 필요하면 미국 현지로 날아가는 방식을 택한다.일본 시장을 공략할 때도 일본어를 배워 현지로 날아갔다. 반면 빅히트는 고집 스럽게 오로지 한국 멤버에, 한국에서 촬영하는 방식을 택했다.

둘 가운데 누가 옳고 그르다는 이야기는 아니다. 이미 이 두 사람 모두 세계적인 성공을 거두었기 때문이다. 시장을 대하는 대표적이 면서 상반된 두 가지 태도를 보여준다는 점에서 꼭 기록해둘만 하 다. 즉, '박진영 노선'이란 "음악 세계는 미국을 중심으로 한 계층 적인 다원 세계일 듯하다. 미국에서 성공해야 진짜 성공이다"이며, '방시혁 노선'은 "아니다. 오히려 한국아시아 그리고 서구로 분절되어 보이지만 본질적으로는 단일 세계에 가깝다. 아시아 1등을 하면 세 계 1등도 가능해진다"라는 태도다.

최근 한류의 성공에 대한 다양한 해석이 나오고 있는데, 내가 꼭 한번 문제 제기하고 싶은 관점이 있다. "한류가 2010년대까지는 아 시아에서만 인기 있는 한정적인 성과에 머물고 있었는데, 이후 유 튜브와 넷플릭스, 애플 스토어 등의 글로벌 플랫폼 업체들이 나오 면서 본격적으로 세계로 뻗어나갈 수 있었다"라는 식의 아시아 극 복 논지다. 전형적인 미디어 결정론이면서도 미국 중심주의에 빠진 편협한 사고이기에, 이와 같은 해석을 들을 때마다 조금 불쾌한 생 각부터 들기도 한다. '아시아라는 한계'라는 표현부터 말이 안 되는 소리인 데다가, 마치 플랫폼 위에 누구라도 때만 맞으면 누구라도 한 번쯤 스타가 될 수 있다는 '앤디 워홀' 식의 현대사회 예술론을 보는 것 같아 너무 불편하다. 요즘 일본 방송사들이 이와 같은 관점을 종종 쓰는 것 같다. "넷플릭스를 적극 활용하는 한국의 드라마 시스템을 벤치마킹하라." 미디어 결정론은 한두 번이야 가능하겠지만 그것이 얼마나 오래 가겠는가?

## 일본과 중국,
## '한류는 성형'

> 케이팝은 지나치게 서구를 의식해서 만든다.
>
> ─마츠모토 준 제이팝 그룹 '아라시' 멤버

케이팝이든 〈오징어 게임〉 같은 케이 드라마든 일본 대중문화계 입장에서는 불편하기 짝이 없을 듯싶다. 사실 한류의 거의 모든 모습에서 일류日流의 느낌을 간접적으로 맛볼 수 있기 때문이다. 한류는 일본을 베낀 짝퉁의 느낌이 나는 것 같고, 곰곰이 따져보니 일본 것을 허락 없이 가져다가 서구에 파는 한국이 불편하기 짝이 없을 것 같기도 하다.

동시에 이는 중국의 입장에서도 마찬가지다. 한국의 역사 콘텐츠를 곰곰이 살펴보면 사실 대부분이 중국의 문화와 맞닿아 있다. 한복은 송·명나라를 닮았고, 조선 왕실의 모습은 누가 보아도 중국 황실의 다운그레이드 버전이다. 김치 정도의 음식 역시 중국에 전범이 수두룩하며, 한국인의 이름 성씨의 역사만 보아도 따지고 보면 대개 중국 대륙이 그 원조가 된다.

그래서 중국이나 일본에서 바라보면, 한류라는 것은 적당히 서구에 팔리게 좋게 '영어' 가사를 늘리고, 금발로 염색하고, 서구 미의식에 맞게 성형수술하고, 적당히 서구적인 로맨스와 갈등 양상을 스토리텔링해서 서구 세계에 복종하는 것처럼 보이기 때문이다. '영어 결정론' 역시도 플랫폼의 중요성을 강조하는 미디어 결정론의 연장선이라는 것은 쉽게 짐작하실 수 있으리라. 한류란 미국이라는 줄을 잘 잡아 포장을 잘한 것뿐이지, 진짜 아시아의 본질은 '중국'과 '일본'에게 있다는 것이 아시아 국수주의자들의 관점인 것이다.

어떻게 '한국은 성형 왕국'이라는 이미지가 따라붙게 된 것일까? 이는 한국이 근본이 없는 표피적superficial 문화권임을 강조하기 위한 이웃들의 프레임 공격이라는 것을 모르는 분은 많지 않을 것이다. 아시아 뿌리가 약하다는 역공이었던 셈이다.


## 아시아적 보편성 확보가 중요

내가 지난 몇 년간 강조해온 것이 바로 '한류와 아시아'의 밀접한 관계성이다. 한류가 아시아 시장에 갇혀 있었다는 표현에 분노하는 이유가 바로 그 때문인데, 본질적으로 한류는 아시아에서 성공했기 때문에 세계시장으로 뻗어나갈 힘을 얻었다고 생각하기 때문이다.

이는 20세기 '아시아주의'를 사실상 발명했다고 평가받는 일본의 대동아공영권의 대실패와, 사실상 전통적 아시아주의라 평가받는 중국의 '중화주의'의 위험성에 대한 본질과 맥을 같이한다고 보아야 한다. 일본이 '아시아 해방'이라는 고상한 이념을 내세웠지만, 본질적으로 중세 봉건시대, 즉 다이묘 시대 수준의 윤리관을 아시아 인민에 강요함으로써 이어진 군국주의의 실패를 반드시 복기해야 한다는 것이다.

동시에 중국 역시도 '하나의 중국'이라는 무시무시한 중화 질서를 전 세계 인류에 강요하는 현실과도 무관치 않다. 어떻게 세계 4대 발명품을 비롯해 아시아의 모든 전통문화의 저작권이 중국에 뿌리를 두고 있다는 소리일까. 사실상 중화주의는 인종주의와 영토주의, 제국주의와 크게 다르지 않은 것이 문제 아닌가? 중국의 위대함을 위해 모든 중국인이 하나의 단일 정부에 포섭되어야 한다면, 그러한 기조에서 생산되는 문화 상품이 '과한 애국주의'로 흘러가는 것은 피할 수 없는 귀결이었을 것이다.

결과적으로 '가장 한국적인 것이 가장 세계적이다'라는 표현은 굉장히 뜨거운 말이면서도 사실은 반쯤만 맞는 말이다. 중간 단계가 하나 빠졌기 때문이다. 그것이 바로 동북아-동아시아-아시아 문명권이라는 보편성을 가질 때 세계적이 된다는 과정이 빠진 것이다. 한국이 21세기에 두각을 드러낼 수 있는 배경에는, 한국의 문명과 기술이 특정 국가에 종속되지 않고 두루두루 소통하며 동시에 인접 시장에서 동질성과 보편성을 획득해가며 '소통'의 방법을 깨달았기 때문이라고 믿는다.

중국과 일본, 동시에 동남아시아와도 소통해 상품을 교역하고 드라마를 판매할 수 있어야 한다. 만약 그것이 가능하다면 멤버의 구성이 억지로 '다국적'이어야 한다거나, 가사에 '영어 추임새를 집어넣는다'라거나, 이국적인 아름다움을 위해 '뉴욕의 할렘을 찾아가' 뮤직비디오를 찍을 이유가 사라지는 것이다. 그러니까 1990년대 후반 이후 한류의 세계화는 부단하게 아시아적인 보편성을 확대하려는 노력에서 더 크게 성장할 수 있었고, 그 과정에서 아시아를 대표하는 문화로서 서구에서 성공할 수 있었다는 이야기다. 방시혁이 옳고 박진영이 틀렸다는 것이 아니라, 두 가지 방향 모두 서로 어느 것이 옳다고 말할 수 없을 정도로 서로 경쟁하고 상호작용하고, 상대의 장단점을 보완하면서 한류가 커나가고 있다는 이야기다. '아시아'라는 플랫폼을 일본과 중국이 완벽하게 파악하기 전까지는, 일류와 화류는 당분간 세계화 시장을 주도하기는 어렵다는 이야기도 된다.

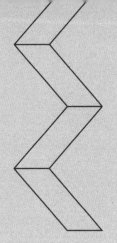

2장

# 제이팝, 제이 모델은
# 왜 세계화에 실패했나

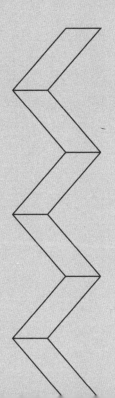

# 문명은
# 어떻게 쇠퇴하나

✕

## 일본 문화의
## 최전성기는 언제였을까

일본 문명의 기세는 확실히 떨어졌다. 2019년 화이트리스트White list, 자국의 안전보장에 위협이 될 수 있는 첨단 기술과 부품 등을 수출할 때 절차를 간소하게 처리하도록 지정한 물품 목록를 명분으로 한국에 기세 좋게 반도체 관련 원자재 수출 금지를 내세울 때만 해도 일본의 존재감에 두려움을 느끼는 한국인이 적지 않았는데, 요즘은 '일본=쇠퇴'가 하나의 공식이자 상식이 된 듯싶다. 일본 쇠퇴론을 주장하는 근거와 관련 콘텐츠를 여기저기서 볼 수 있다. 1년 전만 해도 제이팝의 퇴조를 놓고 신나게 떠들었는데 지금은 다시 말하기가 민망할 정도로 한참 철이 지나 웬만한 사람은 다 아는 이야기가 되었다.

그렇다면 일본 현대 문명의 정점은 언제였을까? 이 질문에는 각자 기준에 따라 다양한 답이 나올 수 있다. 영토를 기준으로 해서 1940년대라고는 하지 않을 테니 경제가 기준이 될 것이다. 거품경제의 정점으로 여겨지는 1988~1992년을 최전성기로 보는 시각이 여전히 우세하다. 이후 일본은 거품 붕괴에 직면하고 2008년 이후에는 중국에 아시아 맹주 자리를 넘겨주었으니 그 이후는 전성기를 논하기 어려울 듯싶다.

나는 경제적 측면이 아니라 대중문화가 활기를 띨 때 또는 프로토타입prototype, 원형原型이 완성된 시점에 전성기가 시작되었다고 본다. 그럼 언제 일본 대중문화가 폭발하고 그 시대정신이 아시아 전역을 사로잡았을까? 바로 1980~1984년이다. 한국은 이 시기에 일본 대중문화 수입 금지를 가장 강력하게 시행했기 때문에 체감 정도는 덜할 수 있다. 결국 일본 대중문화는 이미 40년 전 정점을 찍고 내려왔다는 이야기다.

그렇다면 1980년대 초반 일본에서는 무슨 일이 있었을까? 이때 일본에는 괴물 같은 20~30대 천재들이 대거 등장해 대중문화계의 판을 뒤집고 엔터테인먼트의 문법을 다시 쓰기 시작했다. 아시아의 거의 모든 청춘이 동의하는 대목은 일본 문화의 정점에 일본 애니메이션, 즉 '아니메anime'가 있었다는 사실이다. 1970~1980년대에 만들어진 아니메가 아시아 지역에 값싸게 대거 보급되면서 '아시아 문화'의 원형 비슷한 것을 만들어냈다. 이즈음 일본인을 만나면 아니메 이야기를 했는데, 이는 대만, 태국, 인도네시아에서도 마찬가지였다.

일본을 대표하는 세계적 애니메이션 감독이자 애니메이터, 영화감독으로 평가받는 미야자키 하야오의 걸작 〈바람계곡의 나우시카〉가 1984년 공개되었다. 한국 소년·소녀들의 꿈과 판타지를 채운

〈미래소년 코난〉이 1978년 작품인 점을 고려하면 1980년대 초반에 무슨 일이 있었음이 분명하다. 공상과학 액션 로봇 애니메이션 영화 〈초시공 요새 마크로스〉는 1982년 텔레비전에서 방송되었다. 일본 아니메와 제이팝의 정수를 모은 작품으로, 40년이 지난 지금도 우주전함 '마크로스'와 여가수 린 민메이Lynn Minmay를 기억한다. 민메이는 일본 아니메가 만들어낸 최초의 아이돌이자 '오타쿠'의 어머니 같은 존재가 되었다.


## 스타 없이
## 시대도 없다

          지금 보면 조금 촌스럽지만 마크로스가 위대한 이유는 차고 넘친다. 우주라는 미래 공간을 너무 자연스럽게 일본 대중문화 놀이의 장으로 삼았다는 것이 대표적이다. 당시 일본 애니메이터들이 얼마나 야심이 컸고 자신만만했는지를 쉽게 알아챌 수 있다. 우주에 대한 묘사가 세밀하고 꽤 진지하다. 게다가 당시 제이팝의 정수인 아이돌 컬처를 우주 모험물에 접목한 대목이 특이하다. 아이돌이라는 존재를 아주 이상적으로, 그것도 세계 평화를 넘어 우주 평화의 소재로 써먹었으니 말이다. 여주인공 린 민메이가 부른 〈사랑, 기억하고 있습니까〉는 지금도 들으면 가슴이 웅장해진다.

  널리 알려진 대로 린 민메이는 1980년 데뷔한 마츠다 세이코와 1982년 데뷔한 나카모리 아키나를 뒤섞어 만들었다. 제이팝과 아니메가 아주 절묘하게 뒤엉킨 제이 컬처의 프로토타입이 된 것이다. 이 두 전설적인 여가수의 전성기는 1980년부터 1987년까지다. 경쟁적으로 최고의 노래를 발표하고, 발표하는 노래마다 오리콘 차트를 석권하며 제이팝의 전성기, 나아가 아이돌 컬처의 원형을 이끌었다. 케이팝도 이 두 가수의 영향을 많이 받았다는 사실을 부정할 사람은 많지 않다.

세이코, 아키나 그리고 민메이는 40년이 지난 지금도 시대의 상징이자 제이팝의 절정기를 이끈 최고 스타로 남았다. 1980년대 상반기를 일본 문명의 전성기로 묘사하는 이유가 바로 이것이다. 1990년대 중반 아무로 나미에 현상이 있었다 해도 절대로 1980년대 일본의 생동감을 넘어설 수는 없다. 실제로 1990년대 이후 일본의 대중문화는 뚜렷한 스타를 만들어내지 못했다. 1999년 에반게리온 <sub>가상의 인간형 생체 전투 병기</sub>이 사실상 일본 출신 마지막 스타가 아닐까 싶다. 어쩔 수 없이 사골까지 우려먹는 수준의 '사골게리온'이 될 수밖에 없는 운명이었던 것이다. 최근 제이팝에 스타가 없는 것도 문화와 문명의 전성기가 이미 다 지났기 때문일 수도 있다.


## 일본, 국내로 축소되다

1980년대와 1990년대 이후 일본의 콘텐츠에는 꽤 커다란 간극이 보인다. 〈마크로스〉〈코난〉〈나우시카〉 모두 인종적으로는 아시아인이 등장하는데 내용 면에서는 인류의 보편적 고민을 담았다는 점에 주목해야 한다. 일본의 콘텐츠는 인류의 대표로서 적어도 세계적 수준의 인간과 기술, 환경의 딜레마를 풀어내려는 아주 진지한 고민을 이야기에 담아냈다.

그것이 1985년의 플라자 합의<sub>Plaza Agreement, 1985년 9월 미국 뉴욕의 플라자호</sub>Plaza Agreement, 1985년 9월 미국 뉴욕의 플라자호텔에서 프랑스, 서독, 일본, 미국, 영국의 재무장관과 중앙은행 총재들이 외환시장의 개입으로 발생한 달러화 강세를 시정하기로 결의한 조치 때문인지, 부동산 가격 폭락 때문인지는 몰라도 이후 일본의 고민은 '일본, 우리는 누구인가'라는 고유의 정체성 문제로 줄곧 쪼그라들고 말았다. 일본의 대중문화가 점점 유치해지고 세계적인 보편성을 잃은 이유가 일본이 국경 안쪽으로 자꾸 움츠린 현상과 일맥상통한다는 것이다. 미야자키 하야오 감독이 일본적 소재를 적극적으로 활용해 〈원령공주〉〈센과 치히로의 행방불명〉 같은 명작을 발표하며 분전했지만 1995년 이후 대부분의 일본 콘텐츠는 세계적 보편성을 얻는 데 실패했다.

최근 일본의 한 화장품 회사에서 벌인 정체성 찾기 프로젝트 이야기를 들었는데 자못 흥미로웠다. 일본 화장품이 아시아에서 높은 평가를 받는 이유를 '일본산 브랜드'에 대한 존중으로 보고 자사 브랜드에 일본적 특성을 강화하려 일본의 인류학자, 사회학자, 국학자를 불러 '도대체 일본적인 것이 무엇일까'를 놓고 심각하게 고민하고 토론했다는 것이다. 그 결론은 너무나도 뻔해서 깨끗함, 단결, 닌자, 사쿠라, 후지산, 기모노 같은 이미지가 결론으로 도출되었다는 것이다. 결국 회사는 자사의 상품 이미지를 여기에 투영하기로 했지만, 성과는 그리 뚜렷하지 못했다는 이야기다. 과연 '일본'이라는 절대적인 이미지가 뚜렷하게 존재한다고 할 수 있을까에 대해 의문스럽다.

　일본이 아시아의 대표를 넘어 인류의 대표라는 자부심을 버리고 아시아를 나 몰라라 하며 비좁은 섬나라와 전통으로 회귀하자 정치와 경제는 물론 대중문화 역시 위상이 추락하고 말았다. 최근 일본 대중문화에 새로이 등장하는 스타는 누구일까? 안타깝게도 지금으로부터 40년 전의 스타인 〈초시공 요새 마크로스〉의 린 민메이를 뛰어넘는 스타가 나오지 못했다는 것은 확실해 보인다.

# 저작권이 막아선
# 일본의 현대

×

## 〈러브레터〉 혁명과
## 마츠다 세이코

1998년 〈에반게리온〉 극장판의 일본 개봉
이 우리나라에서도 화제가 되었다. 그리고 텔레비전 버전과 일본에
서 개봉했다는 〈에어/진심을 너에게〉 또한 관심의 대상이었다. 과
연 어떤 내용일까? 우리의 신지와 레이는 구원받을 수 있을까? 물
론 신지는 진즉에 모두 죽어버렸으면 좋겠다며 세상을 포기한 놈이
었다. 이런 염세적 분위기와 달리 〈에반게리온〉 텔레비전판 OST는
총체적 혼돈 속 세기말적 풍경을 배경으로 하는 보사노바풍의 경쾌
한 〈플라이 미 투 더 문Fly Me To The Moon〉이었다.

1999년 한국의 X세대를 충격과 공포로 몰아넣은 이와이 슌지 감
독의 영화 〈러브레터〉가 한국의 비디오 시장에 유통되기 시작했다
일본에서는 1995년에 개봉했다. 〈러브레터〉를 비디오테이프로 수십 번 감상
하며 넘치는 세련미에 충격을 받았다. 1994년 왕가위왕자웨이 감독의

〈중경삼림〉이 건넨 감동은 애교 수준이었다. 당시 일본의 비주류 신예 감독이 만든 이 영화는 이후 20년 가까이 이어진 한국 젊은 이들의 '일뽕'에 하나의 사상적 기반이 되었다고 단언할 수 있다.

〈러브레터〉는 한마디로 혁명이었다. 이와이 슌지 감독은 섬세한 감수성으로 바다 건너 한국의 X세대가 잊고 있던 미지의 세계, 로맨티시즘의 감정선을 아주 적확하게 짚어냈다. 마르셀 프루스트와 미야자키 하야오가 만나 왕가위와 무라카미 하루키식으로 화해했다고 해야 할까? 어린 시절의 추억과 첫사랑의 아련함, 가족 간의 서먹하지만 뜨거운 사랑, 낡은 책장 속 시집 같은 것을 찬란하고 아름다운 영상 언어로 담아냈다. 게다가 한국과 비슷하면서도 더 단정한 시골 풍광까지 더해졌다. 우리 세대는 오감을 집중해 이와이 슌지의 영화를 샅샅이 훑어보았고, 똑같은 마음으로 일본 여행을 꿈꾸었다. 1970년대에 태어난 세대가 취업하고 돈을 벌기 시작하자 달려간 곳이 바로 일본의 작은 시골 마을이었다고 해도 지나친 말이 아니다. 우리에게는 〈러브레터〉의 후지이 이츠키가 있었으니 말이다. 2000년대 일본 붐이 우연이라고는 생각하지 않는다. 어쩌면 이와이 슌지의 〈러브레터〉 효과일 것이다.

〈러브레터〉에서 궁금했던 대목은 남자 주인공 후지이 이츠키가 절벽에서 떨어져 죽으면서 불렀다는 〈푸른 산호초〉라는 노래와 가수 마츠다 세이코에 관한 것이었다. 영화에도 이런 대사가 나온다. "어째서 그는 죽기 직전에 마츠다 세이코를 불렀지?" 그리고 그들은 마지막에 이 노래를 함께 읊조린다. 당시에는 "뭐지? 엔카인가? 엔카 제목치고는 상당히 세련되었는데?" 했다. 그렇게 처음 마츠다 세이코라는 이름을 접했는데, 따지고 보면 1998년 일본 대중문화 개방의 숨겨진 효과이기도 했다.

나는 〈푸른 산호초〉라는 노래를 2010년 무렵 유튜브라는 신문명으로 들었다. 영화를 접하고 무려 12년이나 지난 뒤였다. 그 무렵 노래방에서 이 노래를 애창곡으로 부를 정도로 빠져들었다. 무슨 내용인지는 정확히 몰라도 가사를 외우기는 어렵지 않았다. 노래 자체가 신나고 활기차서 듣기만 해도 기분이 좋아졌다. 그런데 후지이 이츠키는 왜 죽어가면서 이 노래를 불렀을까? 감독이 사회 전 분야에서 역동적 성장과 희망의 빛이 넘실댔던 1980년대를 추억하려 한 것일까? 사실 세이코의 노래는 '노동요'로 더 어울린다.

## 문명 전파를 막는
## 유료화

일본과의 인연으로 큰 부자가 된 친구가 있다. 부친이 일찌감치 용산 가전몰 영업으로 시작해 서울 요지마다 전자 유통점을 내고 부동산을 소유한 큰손이었다. 그 집안이 부자가 된 비결은 일본 가전제품을 제때 수입해 서울에서 유통한 것이었다. 친구도 자기 아버지를 따라 용산에서 비슷한 일을 했는데, 보따리상을 하던 2000년대 초 나에게 도쿄 여행을 권했다. 그래서 난생처음 일본을 방문해 좋은 느낌을 듬뿍 받고 돌아왔다. 멋지게 웨이터 복장을 한 백발 어르신이 내주는 커피, 완벽에 가깝게 보존된 전통 건물과 지역 특산 문화, 도쿄 변두리에서 접한 길거리 전통

축제 그리고 아키하바라에 산처럼 쌓여 있던 첨단 IT 제품까지 처음 만난 일본은 그야말로 신세계였다.

도쿄 지하철 공간 곳곳에서 서울 도심과 유사한 것을 접한 것은 충격적인 일이다. 보도블록은 물론 바닥 타일과 상당수 공간 디자인까지 서울에서 현대적이라고 느낀 것의 상당 부분이 일본에서 온 복제품이거나 모방품이라는 데 생각이 미치자 우울해졌다. 그러고 나서 도쿄를 다시 살펴보니 서울과 유사점이 상당 부분 눈에 들어왔다. 물론 도쿄의 압도적인 우세로 말이다. 2000년의 도쿄는 그만큼 빼어났고 동양의 미와 서구 문물이 잘 조화를 이루어 말 그대로 미래 도시에 가까웠다. 이렇게 일본 여행은 우리 세대에게 즐겁고 도전적이며 휴식 같은 개념의 놀이가 되었고 나도 가끔 온천과 료칸 여행을 즐겼다.

그런데 나는 왜 2010년 무렵이 되어서야 마츠다 세이코의 노래를 접했을까? 음악을 싫어한 것도 아니고 하루키와 하야오를 좋아해 '일뽕'이 그득했던 평범한 젊은 세대였는데 말이다. 당시에는 몰랐지만, 아주 엄격하게 적용된 일본의 저작권 문화가 한몫한 것으로 보인다. 세이코의 초기작에 속하는 〈푸른 산호초〉는 1980년에 발표되었으니 2010년이면 대략 30년이 지난 시점이다. 나는 일본 저작권법을 잘 알지는 못하지만, 30년이면 단체 저작물에 해당하는 공연물은 저작권이 꽤 느슨해진다고 들었다.

세이코가 언제나 공중파에서만 노래를 부르지는 않았을 것이다. 각종 시상식이나 연합 방송, 사적 행사 등에서 부른 노래와 음원이 먼저 유튜브에서 유통되었다. 2015년이 넘어가면서 그 음원에 영상이 추가되었으며 2020년이 가까워지자 각종 공중파에서 출연한 모습이 교차편집으로 다시 조립되는 과정을 거쳤다. 2020년에 이른 우리는 1980년부터 1989년까지 전성기 세이코의 거의 모든 방송 영상을 유튜브에서 소비할 수 있는 상황에 이르렀다. 세이코가 데뷔한 지 40년 만에 이루어진 쾌거일 듯싶다. 일본과 한국의 대중문화는 이렇게 30년 이상 떨어져 있었다.

사실 저작권은 양날의 칼과 같다. 창작자의 권리와 이익을 위해 당연히 존중해야 하지만 그것이 지나치면 오히려 제작자와 소비자 모두에게 독이 된다. 그것을 잘 보여준 사례가 전성기인 1980~1990년대의 제이팝이다. 당시 이름으로만 접했던 쟈니스 계열의 수많은 보이그룹의 무대를 이제야 볼 수 있는데, 나는 무대를 볼 때마다 경탄을 금치 못한다. 확실히 1980년대 제이팝은 매력이 있고 활력이 넘쳤다. 그것이 거품경제의 효과라 해도 상관없다. 문화는 원래 거품을 먹고 자라는 것이니까.

그런데 그 활력이 어떻게 시간이 흐르고 흘러 현재 수준이 열화劣化된 일본 팝문화로 귀결되었는지 흥미롭다. 한때 IT를 공부한 나로서는 당연히 디지털 시대에 걸맞은 저작권에 관해 일본 사회가 전 사회적인 토론과 치열한 논쟁을 거치지 못했기 때문이라는 생각이 든다. 강화된 저작권은 창작자의 게으름을 부르기 마련이고 개방의 긍정적 효과를 막아서게 된다.

IT 기술은 저작권과 말 그대로 백병전에 가까운 치열한 투쟁을 벌이며 발전했다고 할 수 있다. 1998년 냅스터napster, 개인의 음악 파일을 인터넷으로 공유하게 해주는 프로그램 등의 P2P 기술에서 시작된 IT와 저작권

의 싸움은 2000년대 크리에이티브 커먼즈 운동<sub>저작권자 이용 허락 없이 자유</sub>
<sub>롭게 저작물을 이용하자는 운동</sub>을 거치고, 다시 웹 2.0 무브먼트를 돌아서 결
국 아이튠즈 애플 계열과 유튜브, 넷플릭스 등의 시장으로 진화에
진화를 거듭했다. 무료를 앞세운 확산 전략과 유료 고급화 전략으
로 최적의 황금률을 내놓으려고 지난 20년간 전 세계가 몸살을 앓
은 것이다.

그런데 제이팝을 비롯한 일본 사회는 전통적 저작권이라는 산업
혁명 시대의 고정관념에 묶여 혁신에서 뒤처진 것은 아닐까? 한때
마츠다 세이코를 정말 좋아한 한국 청년에게 무려 40년 뒤에나 그
진면목을 보여주는 일본 대중문화계는 과연 미래를 고민했을까?
그리고 법과 제도를 시대와 환경에 맞추어 갈아 엎어내지 못하는
일본의 정치판이 제이팝과 오버랩되는 것은 나쁠까.

# 제이팝과 케이팝의 분기점
# 윙크와 강수지

×

## 일본 문화와
## 완전히 분리되었을까

우리 세대는 일본 문화를 언제, 어떻게 접했는지 뚜렷이 기억한다. 기회는 한정되었고 볼 때마다 강렬한 인상을 받았기 때문이다. 내가 1986년에야 처음으로 접한 일본 가수는 3인조였던 소녀대였으며, 그 무렵 롤러장에서 곤도 마사히코의 〈긴기라기니〉를 들었다. 1990년대 초반에는 아이돌 윙크Wink를, 1990년대 중반에는 엑스 재팬과 아무로 나미에를 알았지만 방송으로 듣지는 못했다. 마츠다 세이코는 1998년 영화 〈러브레터〉를 통해서 알았지만 자드ZARD 같은 신세대 가수는 2002년이 지나서야 알게 되었다.

싱가포르에서 한국의 대중문화를 설명하면서 가장 힘들었던 부분은 대중문화 측면에서 한국이 일본과 완벽히 분리되었다는 대목이었다. 널리 알려진 대로 1998년 김대중 정부가 들어서면서 일본 대중문화가 본격적으로 개방되었다. 그 이전까지 일본 노래나 글자는 공중파에 나올 수 없었다. 아세안 사람들은 이 사실을 무척 신기해 했다. 당시 일본어는 일종의 선진 문물을 흡수하는 통로였기 때문이다.

그런데 매번 설명하면서 미심쩍었던 건 과연 우리가 일본 대중문화와 진정으로 단절되었는가 하는 것이었다. 예를 들어, 1999년 이후 일본 친구들과 대화해보면 분명 공유하는 문화가 있었다. 〈알프스 소녀 하이디〉 〈플랜더스의 개〉 〈빨간 머리 앤〉 〈미래소년 코난〉 〈철완 아톰〉 〈들장미 소녀 캔디〉 〈마징가〉 시리즈 그리고 미야자키 하야오의 만화 등 무언가가 통한다는 것은 아시아에서 흔하지 않은 일이다. 이는 우리 문화가 일본 문화에서 그리 멀지 않다는 증거도 된다.

사실 1990년대 초반 방송가 PD와 음반 쪽 프로듀서들은 정기적으로 일본 도쿄에 가서 호텔 방에 박혀 텔레비전을 틀어놓고 열심히 일본 방송을 모니터링하고 녹화까지 해서 한국에 들여왔다고 한다. 이른바 문화적 보부상이고 엔터테인먼트 방송의 선구자들이다. 그러니까 한국은 1980년대 이후 꾸준히 일본 대중문화를 간접적으로 소화해서 대중에게 전달한 것이다. 1990년대 표절 시비 대상은 대부분 일본 노래였다. 룰라의 〈천상유애〉 표절 논란이 대표적이다

이 곡은 일본의 아이돌 그룹 닌자의 〈오마츠리 닌자〉를 표절했다는 의혹을 받았다.

내가 기억하는 제이팝은 윙크인데, 대학로 호프집에서 흘러나오던 홍콩 MTV에서 보았는지 아니면 불법으로 유통된 CD에서 들었는지는 확실하지 않다. 이 일본 여성 듀오를 보고 든 첫 느낌은

'어찌 저렇게 고급스럽게 예쁜 데다 노래까지 세련될까?'였다. 아주 짧은 순간 든 느낌이었다. 아쉽게도 그때 이후 다시 접할 기회는 없었지만 1989년 데뷔곡 〈사랑이 멈추지 않아〉라는 노래는 강렬했다.

시간이 흐른 뒤 윙크가 1990년 전후 한국 가요계에 미친 영향이 상당히 컸다는 사실을 알게 되었다. 이른바 도회적 청순미의 본격적 서막이었다. 이즈음 한국의 경제와 대중문화가 급성장하면서 1980년대와는 다른 감수성이 필요했을 수도 있다. 그리고 한국적 청순미는 1990년 강수지가 〈보라빛 향기〉를 발표하면서 두드러졌다. 실제로 강수지는 영미팝은 물론 제이팝을 상당히 벤치마킹한 가수였다. 그리고 그가 불러온 충격파는 돌풍과 같았다. 1991년은 명지대의 강경대 학생 폭행치사 사건으로 운동권이 경찰과 가장 치열하게 대치했지만 동시에 노동자 임금이 가파르게 상승하는 시점이었다. 가냘픈 몸매에 얼굴이 하얀 강수지는 손에 흙 한 번 묻혀본 적 없을 것 같은 도회적 청순함의 상징으로 윙크 계보에 속한 가수였다.

한국 가요계는 윙크 노선을 극단적으로 밀어붙이는 듯한 행보를 보인다. 1992년 가수 하수빈이 데뷔한 것이다. 하수빈은 강수지 못지않게 큰 충격을 주었다. 일찍이 한국 사회가 경험하지 못한 여성상이자 극도로 일본향의 감수성을 선보였다.

노란색 밀짚모자에 여리여리한 어깨선을 드러낸 강수지와 하수빈이라는 두 청순 미인의 등장은 일종의 제이팝 따라 하기였으나 한국은 그 지점에서 기대와 다른 선택을 한다. 청순미인 하수빈 대신 노래 실력까지 갖춘 강수지 노선을 택한 것이다. 실제로 강수지는 청순가련 미인형에 그치지 않고 자기가 작사한 노래를 부르며 그이상의 가수 노선을 고집했다. 그 결과 30년 가까이 한국 연예계에서 주연으로 살아남았다. 그것도 여전히 밝고 건강한 표정으로 말이다.


## 젊음은
## 실력을 이기지 못한다

유튜브 창업자 스티브 첸Steve Chen이 유튜브를 구글에 약 2조 원에 팔아치운 2006년에도 유튜브는 저작권 문제로 전 세계 여러 방송사와 갈등을 빚어서 성공 여부가 불확실했다. 지난 10년 가까이 제이팝은 유튜브에서 쉽게 찾아볼 수 없었다. 최근에야 간간이 공개되는 영상은 저작권 시비가 없는 1980~1990년대 전성기 제이팝의 고전들이다.

최근 유튜브에서 본 윙크는 무척 놀라우면서도 서글픈 감상을 전했다. 1990년에 생각한 그런 느낌이 아니었기 때문이다. 물론 여리여리하고 청순하기는 했지만 딱 보아도 흉포한 기획사의 작품으로 느껴졌고 얼굴에는 짙은 그늘이 드리워져 있었다. 콘셉트라는 것은 안다. 하지만 이들은 〈인형의 집〉의 로라처럼 예쁘게 꽃단장하고 각본대로 짜인 노래를 부르는 일종의 춤추는 인형에 머물렀다. 지나치게 화려한 의상, 낭만적인 모자, 깨끗한 피부, 싱그러운 목소리 그리고 병약한 이미지 그대로.

데뷔작이면서 최고 히트작인 〈사랑이 멈추지 않아〉 역시 카일리 미노그Kylie Minogue의 1988년 노래를 리메이크한 것이었다. 그녀들의 청순했던 목소리는 이제 유튜브에만 남았다. 지난 30년의 삶의 궤적은 그리 평탄치 않았다. 동생 사치코는 배우로 커리어를 이어갔지만, 언니 쇼코는 험난한 인생을 겪으며 젊음을 잃었다. 문득 영화 〈게이샤의 추억〉이 떠올랐다. 대중 연예인의 삶은 속세와 아슬아슬한 경계선을 타기 마련이다. 삐걱하는 순간 나락으로 떨어진다. 30년 전인 1990년 초반에 아시아에서 가장 청순했던 스타의 모습이 그렇기에 더 안쓰러웠다.

대중문화에서 예술과 외설의 차이만큼 수필 소재로 좋은 것도 흔하지 않다. 아주 많은 미학자와 예술가 들이 이 문제를 고민하고 다루었다. 간만에 윙크를 접하니 스무 살 때 화면에 담긴 그녀들 모습이 나에게는 롤리타, 관능의 이미지로 비쳤다. 그런 소녀들의 청순함에 적당한 노래와 춤, 패션으로 젊음은 포장되었고, 수많은 사람들에게 소비되었다. 내가 보기에 그것은 상업 예술이 아니라 관능을 팔아먹는 외설 산업에 가까웠다. 기본적으로 쇼와 시대 최전성기 제이팝의 경향성으로 보인다. 이 경향성은 헤이세이 시대, 악수회 등 오타쿠 문화로 흘렀다.

나는 젊은 육체가 아니라 퍼포먼스와 행위의 방향에 무게가 담긴 것을 상업 예술이라고 본다. 눈에 보이지 않는 가치도 중요한 법이다. 젊은이의 육체는 아름답다. 하지만 대중문화가 단지 젊음만 예쁘게 포장해서 파는 데 그친다면 외설과 어떤 차이가 있을까? 상업 예술은 더 나은 무대를 보여주려 노력하고 전례 없는 파괴적 경쟁이 실력으로 증명될 때 의미가 있다. 그런 측면에서 이미 1990년대 윙크와 강수지의 대결에서 제이팝과 케이팝의 방향은 판가름 났다고 본다.

# 정부와 시장의 조화,
# 일본 모델을 넘어설 수 있나

✕

## 시장과 공공성 사이
## 균형점은 어디일까

대전 주변에는 정부 기관이 많은데, 카이스트를 대표적으로 꼽을 만하다. 대학이지만 사실은 정부 예산으로 과학기술 인재를 공급하는 상징적 역할을 하기 때문이다. 카이스트와 대덕의 정체성은 일치한다고 보면 크게 틀리지 않는다.

2000년대 이후 카이스트는 큰 위기에 빠졌다. 수많은 과학 영재가 이공계 전공을 계속하기보다 미래 소득이 보장된 의학 계열로 진로를 돌렸기 때문이다. 정부의 특수목적 장학금을 받는 학생들의 도덕적 해이를 지적하는 목소리와 대덕연구단지 개혁 목소리가 함께 터져 나왔다. 권위주의 시대 정부 주도 과학기술 정책이 더 유효하겠냐는 반성이 바로 그것이다. 그런 맥락에서 초빙된 인물이 노벨물리학상 수상자 R. 러플린 총장(2004~2006년 재임)이다.

2005년 무렵 러플린을 인터뷰한 적이 있다. 카이스트를 개혁하기 위해 투입된 특급 소방수였던 그는 실제로 시장주의 관점에서 학교를 바꾸려고 노력했다. 카이스트 예산은 거의 전부 정부 돈이다. 하지만 정부의 목표와 학자들의 연구 트렌드 그리고 학생들의 요구가 일치하기는 거의 불가능한 일이었다. 참여자 모두 딴마음을 품다 보니 카이스트나 정부출연연구소 등에서 뚜렷한 성과가 나오기 힘들게 된 것이다. 러플린은 시장 요구에 따라 개혁하는 것이 맞다고 주장했지만, 교수들은 그의 개혁안이 신자유주의라며 반대하는 바람에 2년 첫 임기만 마치고 하차했다.

다시 살펴보면, 당시 러플린과 교육부의 충돌은 시장주의와 사회주의적 애국주의의 충돌로 읽을 수 있다. 러플린은 카이스트 지배구조의 한계를 절감하고 나름대로 시장주의적 대안을 제시했다. 하지만 카이스트를 설립하고 키운 정부에서는 과학기술의 주도권을 유지하기 위해 시장에 끌려가지만은 않겠다는 의지를 표현했다. 따지고 보면 대덕연구단지는 거의 모두 정부 주도의 연구개발 단지가 아닌가? 카이스트와 정부출연연구소는 한국적 모델에 대한 오랜 고민이 담긴 것이기도 하다. 시장과 공공성 사이에서 균형점을 찾는 것에 대한 고민이지만 일본을 비롯한 아시아 전체의 문제이기도 하다. 한류와 케이 모델이 성공한 배경에는 시장과 정부 간 줄다리기의 절묘한 균형이 있다고 생각한다.

나는 2020년 10월 말 대전 한국전자통신연구원ETRI 인근에 있는 융합기술연구생산센터에서 '새통사'라는 연구모임의 초대로 강연을 하게 되었다. 그들은 아시아적 관점이 무엇인지 궁금증을 풀어달라고 했다. 대덕과학연구단지는 1970~1990년대 한국 연구의 흐름을 주도한 지역이자 연구 집단을 상징한다. 국가 만들기 프로젝트가 한창이던 1960년대 중반에 설립을 가시화했는데, 특히 1970년대에 외국에서 유학하던 과학자들을 끌어들인 초거대 국가 프로젝트였다. 1970년대 후반과 1980년대 초반 한국의 통신 혁명을 이끈 ETRI의 TDX 프로젝트가 그 상징이다. 물론 1990년대 한국의 모바일 혁신을 가능하게 한 CDMAcode division multiple access, 미국의 퀄컴에서 개발한 확산대역 기술을 이용한 디지털 이동통신 방식 기술도 **빼놓을 수 없다**. 항공우주연구원도 표준과학기술연구원도 모두 대덕에 있다. 이렇듯 대덕은 기술 독립의 상징적인 지역이자 한국 모델, 기술 한류의 근거지다.

## 일본은
## 극복이 가능한가

나는 1987년 체제는 사실상 2017년에 끝났고 새로운 체제가 시작되었다고 본다. 이 체제를 이해할 수 있는 가장 직접적인 상징물이 케이팝 또는 한류 현상이다. 2017년 이전의 한류와 그 이후의 한류는 본질에서 다르며 케이 모델을 확장하려면 동남아시아의 지정학적 중요성을 고려해야 한다. 또한 한국 모델을 아시아로 확장해야 한다.

아시아적 관점에 대해 2시간 정도 설명을 끝내자 새통사 멤버들이 질문을 쏟아냈는데 대강 정리해보면 이렇다. 우리가 신뢰하고 모방해온 일본은 여전히 강력한 기술 국가이자 장인 정신이 살아 있는 사회이며, 배울 점이 많은 문명국이다. 일본에 대한 관점은

1970년생을 기점으로 갈리는데, 그 이전 세대 과학자들은 일본의 장점에 주목하고 그 이후 세대는 단점에 주목하는 뚜렷한 의견 차이를 보인다.

한류가 문명으로 존립하려면 보편성과 특수성을 모두 갖추어야 하며 이것이 동시에 작동할 때 '한국 모델'이 가능해진다. 한국이 장기적으로 생존하고 번영하려면 한류의 문명화가 꼭 필요한데, 이때 큰 걸림돌은 강력한 중화 문명과 현대 아시아 모델의 상징인 일본이다. 한국 모델은 이 두 경쟁자와 대비되는 뚜렷한 장점을 아시아 지역에 어필하며 강력한 우군을 끌어들여야 한다. 이는 일종의 필수 불가결한 과제다.

이렇듯 나의 논지에 대한 과학자들의 반론은 사뭇 진지하고 강력했다. 비록 제이팝이 실패했지만, 일본의 기초과학과 연구개발R&D, 그리고 일부 소재 산업은 여전히 강력하고 노벨상을 여러 번 수상할 정도로 뿌리가 깊다는 것이다. 그뿐만 아니라 한국은 일본과 손을 잡을 때 더 강력하고 효과적이며, 중국과 더불어 아시아 시대를 이끌 수 있다는 의견도 있었다. 물론 나도 여기에 일부 동의한다. 1987년이나 2017년 이전이라면 말이다. 1987년 이전 한국은 일본 모델의 완벽한 팔로어였으며, 2017년까지는 추종자였던 것이 사실이니 말이다.

하지만 이제 일본 모델은 한국의 미래를 개척하기에 턱없이 부족하다. 한국적 거버넌스와 가성비, 인적자원 개발, 공공성 모델은 이미 상당 부분 일본을 뛰어넘어 다른 차원으로 가고 있다. 케이팝만 보아도 한국적 모델의 우수성은 BTS로 입증되고 있다. 일본이

1990년대에 갇혀 개혁을 이루지 못한 지점을 한류는 이미 달성했다. 여전히 팩스와 도장을 쓰는 비밀스럽고 보편성을 잃은 일본 문화에 만족하려는 것은 아닐 테다.

대덕의 과학자들이 우려하는 것은 '국뽕'이라는 낡은 문화였다. 한국의 국가 발전 단계를 거쳐온 선배 세대는 국뽕을 용납하지 못했다. 스스로 한국의 약점을 가장 잘 알기 때문이기도 하고, 1990년대 일본의 최전성기를 겪었기 때문이기도 했다. 이들은 1990년대 NTT도코모일본 최대 이동통신회사가 전 세계 기업가치 1위이던 시절의 일본 산업과 엔지니어의 위용을 체감했다. 나아가 그 시절 말도 안 되는 자기충족적인 군부정부의 국뽕 프로파간다를 많이 접하기도 했던 탓이다. 그래서 한국은 이미 충분히 강한 사회이고 한국인 개개인은 전혀 약하지 않다고 강조했다. 오히려 그 어떤 사회보다 더 강력하다. 한국 모델이 절대로 가능하므로 이후 아시아 사회를 어떻게 설득하느냐에 달려 있다.

우리는 '국뽕'과 '야심'을 반드시 구분해야 한다. 국뽕은 해악이지만 야심은 문명의 성취를 의미한다. 우리가 한국 모델에 자신감이 있을 때 그 비전 역시 달성할 수 있지 않을까? 따지고 보면 국산 통신장비인 TDX나 CDMA 프로젝트가 바로 그런 한국 모델의 효시가 되는 사건이다.

아시아적 관점은 우리의 성취에 대한 객관적 자기 평가가 선행되어야 한다고 느낀다. 그것을 정권의 치적으로 삼는 것이 국뽕이다. 물론 미국과 일본의 기술을 베낀 측면도 있다. 그것은 문명의 오독이 아닌가? 한국의 기술도 선진국의 영향을 받았지만 충분히 창의

적이고 가성비 추구라는 독자적 포지션이 있었다. 그것이 바로 한국적 맥락이 아니라 아시아적 문명에 대한 이해가 아닐까? 따지고 보면 그러한 기술적·경제적 성취를 보인 지역이 한국 말고는 아직 뚜렷하게 보이지 않는다.

# 케이팝 외국인 멤버의
# 득과 실

## 2NE1의 산다라박과
## 필리핀 인기의 후폭풍

　　　　　　　동남아시아의 뜨거운 케이팝 열기는 미스터리한 측면이 있다. 한국과 그 지역의 역사적 교류가 그리 뚜렷하거나 길지 않기 때문이다. 보통 특정 지역 문화가 해외에서 인기를 얻으려면 아무리 디지털 미디어 시대라 해도 인적 교류는 물론이고 역사적·경제적 교류가 선행되어야 한다. 그런데 1970년대 이전 한국과 동남아의 교류는 역사적 흔적을 찾기 힘들 정도로 상당히 드물었다. 이슬람 문명권인 인도네시아와 말레이시아의 경우는 더 특이하다. 지리적으로 한반도와 그렇게 가깝지도 않고 종교·문화적으로 힌두교와 이슬람의 영향을 많이 받아서 동북아나 한국과 접점이 뚜렷하지 않다.

　그래서 많은 분석가가 중국과 일본의 동남아 진출에 한국 문화가 편승한 측면이 있을 거라고 해석하는데, 나도 상당 부분 동의한다.

동남아의 초기 한류 소비자들은 경제력이 높은 화교중국계 출신이 압도적이었기 때문이다. 그런 다음 주위에 확산된 측면이 있다. 동남아시아 거의 모든 지역은 화교 비중이 상당하다. 이미 토착화된 중화권 비율이 동남아에서는 상당히 높아 일률적으로 계산하기 어려운 측면이 있지만, 20세기 이전에 화교 이주가 활발했던 점과 20세기 이후에는 일본 대중문화가 빠르게 확산된 점의 이점을 누렸다고 해야 할지 모른다.

초기 케이팝 기획사 스카우터들이 초점을 둔 지역은 미국 캘리포니아였다. 1996년 서태지가 스스로 유배지로 택했을 정도로 미국은 한국 음악인과 인적 네트워크가 활발한 나라다250만 명에 달하는 재미교포를 고려하면 당연하다. 그래서 상당히 많은 케이팝 인재가 미국 한인 사회에서 나오기도 했다. 유승준의 예를 들지 않더라도 1990년대 가수들은 많은데, 2007년에 데뷔한 소녀시대의 제시카, 에프엑스의 엠버가 북미파였다.

우리 문화가 중국과 일본의 그것과 상당히 겹치고 공유하는 부분이 많다는 것은 사실이다. 중국 시장의 비전도 압도적으로 컸다. 그래서 SM과 JYP 같은 기획사들은 초기에 중국 인재 영입에 상당히 공을 들였다. 2000년대 초반 케이팝 스카우터들이 대륙의 예술고등학교와 대학교를 휩쓸고 다녔다. 그런데 예외적으로 동남아 출신 인재의 소중함을 알린 것이 YG의 산다라박 영입이다.

산다라박이 필리핀 오디션 프로그램에서 스타로 떠올라 선풍적인 인기를 끌기 시작한 때가 2004년이고, KBS 〈인간극장〉팀이 그녀의 다큐멘터리를 한국에 방영한 것도 그즈음이다. 그렇게 산다라박은

3년 정도 필리핀에서 '국민 여동생'급 인기를 끌다가 2007년 한국에서 연예활동을 하려고 YG의 문을 두드린 것이다. 그리고 케이팝의 세계화특히 서구권 진출에 결정적 역할을 한 2NE1이 2009년 데뷔했다. 미국권 팬들이 처음 접한 케이팝 그룹이 바로 2NE1이다.

SM의 소녀시대가 중화권 영향력이 센 태국, 홍콩, 싱가포르에서 인기를 끌었다면 YG의 2NE1은 영어 문화권인 홍콩, 필리핀, 미국 등에서 주목을 받았다. 가장 흥미로운 지역은 필리핀이었다. 필리핀은 일찍이 한류의 영향을 받았지만 케이팝 가수들이 그리 선호하는 곳은 아니었다. 그런데 2NE1은 산다라박의 필리핀 내 인지도 덕분인지 말 그대로 선풍적인 인기를 끌었고, 자연스레 데뷔하자마자 필리핀 톱가수 대접을 받았다. 산다라박이 타갈로그어를 한다는 것 역시 특기할 만하다. 이로써 필리핀에서 2NE1을 어느 정도는 필리핀 가수로 받아들인 측면이 있다.

여기서 파급되는 효과는 무시하지 못할 정도다. 필리핀 커뮤니티는 전 세계 어디라도 퍼져 있고, 미국에서는 더 특별하다. 미국 내 필리핀인은 410만 명 수준으로 중국계600만 명와 인도계450만 명에 이어 3대 아시아 커뮤니다. 필리피노의 음악에 대한 사랑과 전문성은 유명하다. 10년도 더 지난 지금 통계나 사회관계망으로 검증하기는 쉽지 않지만, 2NE1이 미국에서까지 인기를 끌게 된 것이 산다라박의 필리핀 내 인지도와 무관하다고 보기 어렵다는 말을 필리핀 교민에게서 들은 적이 있다. 태국에서 인기를 끌고 있는 블랙핑크의 멤버 태국인 리사 이전에 2NE1의 산다라박이 있었다. 물론 2NE1의 프로듀서가 미국 출신인 테디라는 이유도 없지 않을 것이다.

산다라박의 존재감은 한국에 동남아 시장의 중요성을 제대로 알리는 계기가 되었다. 동남아시아는 변방이 아니라 전 세계로 열린 인종·종교·문화의 허브 같은 지역이라는 이야기다. 동남아시아는 중국과 일본은 물론이고 인도, 중동과도 강고한 종적·횡적 네트워크로 연결되어 있다. 이 네트워크는 다시 미국과 영국은 물론 유럽 여러 나라로 연결된다. 동남아에서 인기를 얻는다는 것은 세계시장에서도 인기를 끌 수 있다는 아주 강한 시그널이라는 이야기다. 따라서 동남아에서 EPL잉글랜드 프로축구 1부리그을 좋아해 EPL을 세계 톱 리그로 만드는 데 기여한 측면이 있듯이 아세안이 케이팝을 좋아하면 자연스레 케이팝도 톱 리그가 될 수 있다. 오래전부터 교류의 역사를 쌓아온 동남아시아의 저력을 뒤늦게나마 확인한 것이다.

## 중국인 멤버,
## 일본 현지화는 위험한가

케이팝의 외국인 멤버는 주로 한국인 유학파 → 재미교포 → 중국인, 일본인, 대만인 → 동남아인 → 서양인으로 확장되어왔고, 이것이 케이팝의 세계적 인기로 연결된 뚜렷한 관계가 어느 정도 포착된다. 이것이 분명 인종적 확장에서 지역적·문화적 확장으로 이어진 것이 뚜렷하고, 동남아 연결 고리를 통해 세계적으로 확산된 측면이 분명히 있기 때문이다.

그런데 최근 케이팝 국내 팬덤 사이에서 확산되는 담론 가운데 하나가 바로 '한국인 순혈론'이다. BTS 멤버 7명이 모두 한국인이라는 점이 상당히 큰 역할을 했다. 한국인 멤버로만 구성되었기에 '기술 유출'과 '멤버 이탈' 위험에서 자유롭다는 것이다. 빅히트엔터 계열의 아이돌은 해외파가 드물다. 여자친구나 투모로우바이투게더TXT 모두 한국인이라는 인종적 단일성을 보인다. 이에 대비되어 비판받는 지점이 JYP의 일본 현지화 프로젝트인 니쥬다. SM엔터의 새로운 걸그룹 에스파의 중국인 멤버 닝닝 역시 좋은 비판거리다. 결국 현지화 전략이나 외국인 멤버가 부메랑이 되어 케이팝을 공격할 것이라는 이야기다. 특히 아이돌 그룹에서 멤버 탈퇴는 그룹의 명운이 걸린 일이기 때문에 기획사에서는 폭탄을 안고 있는 것과 같다는 논리다. 이것은 애국주의인가, 인종주의인가.

최근 중국의 강력한 '제국화' 논리가 한반도를 삼킬 것 같은 기세이다 보니 국내에서도 '혐중' 분위기가 거세졌다. 이런 상황에서 중국인 멤버를 받아들이는 것은 자폭에 가깝다는 경고가 잇따른다. 동남아 멤버와 중국 멤버는 본질적으로 다르다는 이야기다.

근거 없는 낙관론인지는 몰라도, 케이팝이 그럼에도 외국인 멤버를 꾸준히 영입해야 한다는 생각에는 변함이 없다. 필리핀인이나 태국인 멤버는 케이팝에 이득이지만, 중국인이나 일본인 멤버는 케이팝에 손해가 된다는 생각에도 반대한다. 외국인 멤버는 그렇게 단순하게 이해득실이 계산되지 않는 상당히 장기적인 효과가 있다고 믿기 때문이다.

먼저 중국 문명과 한류는 끊임없이 갈등할 수밖에 없는 근원적 차이가 있다. 중국이 진행 중인 한국 방송 콘텐츠 수입금지 조처인 '한한령限韓令'이 한류의 세계적 확산에 도움이 되었다는 분석도 나온다. 사실 중국과의 관계는 단순히 이해득실을 따질 문제는 아니다. 중국이 한국을 압박한다고 해서 한국이 중국을 영원히 피해갈 수 있는 상황은 아니기 때문이다. 어쩔 수 없이 드잡이도 하고 협상도 해야 한다. 그러려면 샅바를 붙잡고 놓지 말아야 하는데 중국인 멤버가 바로 샅바 같은 존재다.

케이팝의 최대 장점은 다양한 외국인 멤버가 이끌어내는 문명의 갈등과 조화다. 당연히 갈등은 그 안에서 우정이 싹틀 수 있는 근거가 된다. 중국과의 갈등이 피곤하다고 피해보아야 결국 지금 받아야 할 스트레스를 미루는 것일 뿐이다. 동시에 동남아시아로 멤버 구성을 다양화하는 것은 찬성하지만, 그렇다고 단기적 이득<sub>현지의 집중적 관심</sub>만 바라고 멤버를 구성한다면 한국 음악 시장에서 성공할 수 있을까?

케이팝이 동남아에서 성공한 것은 해당 지역 멤버가 아니라 좋은 음악을 만들었기 때문이다. 이밖에 중국을 비롯한 동아시아 문명과 동남아 문명의 오랜 교류가 배경이 되었다. 단순히 한국이 잘나서 그런 것이 아니다. 외국인 멤버가 늘어나거나 현지화에 성공하면 원원하게 된다. 그게 바로 케이팝의 매력이자 진정한 문명의 힘이라고 믿는다.

# 걸그룹 센터 인사 조직,
# 민주주의와 엘리티즘 가로지르기

$$\times$$

## 케야키자카46과
## 제이팝 마지막 센터

경영학과 수업에서는 너덧이 팀을 이루어 '팀플프로젝트'을 자주 하는데, 거의 모든 참가자가 이 작업을 하면서 고통과 괴로움을 느낀다. 개인의 노력과 팀의 성과 그리고 이에 대한 시장의 평가가 어긋나기 때문이다. 자신이 10을 노력해서 20을 결과로 내어 A를 받으면 이해가 되고 행복한데, 20을 노력해도 10이라는 결과밖에 안 나오고, 그에 따라 C를 받으면 불행해지고 스트레스를 받는다.

하지만 거의 모든 경영대학에서는 팀플을 고집스럽게 강요한다. 개인의 능력과 팀의 성적이 반드시 일치하지 않다는 것을 대학 시절에 확실히 알려주려는 '신념'에 찬 교수님들 덕분이다. 사실 이는 세상의 진리에 가깝다. 팀이 개인보다 훨씬 위대해서 1+1+1=3이 아니라 30이 될 수 있다. 하지만 −3도 될 수 있다. 평범한 인물

1+1+1을 최종적으로 30, 300으로 만드는 것이 경영학의 목표이자 팀 평가의 궁극적 목표다.

하지만 문제는 여전히 개인 '1'의 능력평가에만 집착하는 기존 조직시대에 뒤떨어진 기업과 상사의 구시대적 시선이다. 평가해본 사람은 알겠지만, 하향식 평가 시스템에서는 주로 잘나가는 에이스는 계속 A를 받게 되고, 팀을 배려하는 직원은 늘 B를 도맡게 되고, 팀장의 성향과 반대되는 사원은 C만 받는다사실 대학교 팀플처럼 팀이 공동책임을 지는 것이 맞는데 말이다. 평가를 이렇게 개별적으로만 하는 조직은 오래가지 못한다. 어떻게든 팀의 성과를 높이는 인사평가를 해야 하는데 여전히 임원 승진센터을 위한 서열 나누기에만 급급한 경우가 많다.

한동안 제이팝에 무심하다가 요즘 관심을 쏟고 있는 '케야키자카46²⁰²⁰년 10월 '사쿠라자카46'으로 바꿈'이라는 걸그룹이 있다. 케이팝 아이돌 그룹 평균인 5~9명도 아니고 무려 20~22명이 무대에 오르는 일본의 기묘한 아이돌 시스템에 호감을 느껴본 적이 없기에 특이한 경험이었다. 케야키자카46의 최대 매력은 그룹을 이끄는 10대 중반의 범상치 않은 리더에 있었다.

바로 2001년생 히라테 유리나인데, 이 걸그룹이 본격적으로 활동을 시작한 때가 2015년 후반기이니까 이 아이는 15세에 화려한 스타가 된 것이다. 연습생 등 번잡한 과정을 모두 생략하고 오디션 통과 이후 바로 데뷔곡을 준비해 무대에 올랐는데, 이제 막 중학교에 입학한 아이의 눈빛과 포스가 한마디로 '쩔었던' 것이다. 당연히 프로듀서 눈에도 그리 보였을 테니 데뷔 무대부터 센터로 발탁된다. 그리고 2019년 말까지 4년 넘게 초대형·초인기 그룹의 얼굴이자 센터로 활약했다.

　일본의 정치사회 시스템이 한국과 상당히 다르다고 느낀 것이 바로 케야키자카46의 센터 운영 논란이다. 유리나는 그야말로 재능과 자질을 겸비한 확실한 엘리트였다. 그런데 이 그룹은 멤버가 20명이 넘는 초대형 그룹이다. 노래, 춤, 외모 등 재능에서 유리나보다 잘하는 멤버가 없을까? 하지만 프로듀서나 경영진은 오로지 이 아이만 전면에 내세우며 절대적인 신임과 믿음을 보냈다. 이를테면 황태자나 공주 역할이었다. 물론 유리나는 그 역할을 아주 잘해냈다.

　대중도 유리나에게 열광했는데 그중에는 우리가 잘 아는 소설가 유미리 씨도 있었다. 유리나의 팬을 자처한 이 소설가는 '눈빛에 압도당했다' '모든 것을 바꿀 수 있는 흔하지 않은 존재' 등의 극찬을 자주 트위터에 올릴 정도였다. 이렇게 유리나의 영향력이 커지자 갈등과 파열음이 터져 나왔다. 소규모 그룹과 달리 20명이 넘는 대형 그룹의 무대 구성과 카메라 시선은 센터에 집중될 수밖에 없었고, 자연스레 유리나를 제외한 나머지는 들러리가 되는 결과를 가져온 것이다.

　다른 멤버들은 자기 재능과 아름다움이 제대로 조명받지 못해 불만이었고, 유리나 역시 센터라는 과도한 책임과 역할에 고통스러워했다. 일종의 번 아웃에 빠진 유리나는 결국 2020년 초 그룹에서 탈퇴한다<sub>물론 탈퇴 이유는 다양하다</sub>. 중심이자 리더를 잃은 팀이 지리멸렬하는 것은 당연한 이치다. 마치 성주<sub>영주</sub>를 잃은 전국시대의 일본 사회를 보는 것 같았다.

## 케이팝, 센터가 아닌
## 능력과 개성

물론 이 같은 초대형 그룹은 아주 일본적인 사례다멤버가 20명이 넘는 걸그룹이 있다는 것도 이해가 잘 안 된다. 센터 논란이 빈번한 것도 아니다. 단지 케야키자카46의 유리나가 워낙 압도적인 포스로 개성이 있었고, 많은 오타쿠가 그 소녀를 메시아처럼 받들고 열광했다는 점이 특이 사항이기는 하다. 일본에서는 센터가 한 번 정해지면 쉽게 바뀌지 않는 특징이 있다. 리더에게 과도한 역할을 부여하고 리더의 책임감이 지나친 경향이 없지 않다.

이에 반해 케이팝의 그룹 운영은 평등하고 유연한 편에 속한다. '갈등'이 있으면서도 지나친 편중에 대한 경계심을 모두 가지고 있다. 스무 살 소년·소녀들의 경쟁심이야 다시 말해 무엇을 하겠는가? 스무 살은 자존심이 강하고 친구에게 지기 싫어하는 나이 아닐까? 이미 많이 평가해온 40대 가장과 완전히 다른 멘탈인데, 아이돌 그룹도 비슷한 과정에 있다. 그들의 외모, 춤 실력, 매력, 가창력 등을 하루하루 평가하며 비교하는 상황은 잔인한 한국 사회의 메타포인 셈이다.

하지만 경쟁과 비교가 거북하다고 팀플레이를 마냥 피할 수는 없다. 누군가가 무대에서 빛나려면, 누군가는 어느 정도 양보해야 한다. 그리고 바로 이 양보에 대해서도 정당하게 평가해야 한다. 이는 한 명이 지나치게 빛나는 것도 팀 전체의 성장에 방해가 된다는 깨달음에서 시작된다. 한 명에게 무게가 쏠리면 위험이 커지고 내분이 일어날 확률이 더 높아지기 때문이다. 우리는 영국의

1970~1980년대 그룹사운드 팀플레이의 위험성에 대해 자주 들어왔다. 비틀스 멤버 폴 매카트니와 존 레논 간의 주도권 갈등이 대표적이고, 퀸 멤버들도 허구한 날 티격태격해서 매번 해체 위기를 넘나들었다. 부활의 기타리스트 김태원과 보컬 이승철의 갈등도 널리 알려져 있다. 그런데 이런 그룹사운드는 서로 악기가 달라서 자기 영역이 비교적 확실하다. 그룹을 이끄는 방향을 놓고 싸울 때도 타협할 여지는 늘 있다는 말이다.

반면 케이팝의 그룹 활동은 폭탄을 안고 사는 것과 다름없다. 모두가 모두를 간단하게 대체할 수 있을 정도로 춤, 목소리, 언어 정도의 역할 구분에 그치기 때문이다. 데뷔하는 순간 인기 순위가 갈리고 실력 차이도 눈에 보이며 대중과 광고주가 선호하는 멤버도 뚜렷해지니 비인기 멤버들의 고충이 커질 수밖에 없다. 아무리 계약으로 묶였다고는 하지만 행복하지 않은 연예 활동이 얼마나 고통스러울까.

## 고산 등정대 같은
## 동반자 의식

팀 프로젝트가 성공하려면 눈에 보이지 않지만 잘 조직된 팀워크가 가져다줄 꿈과 비전을 공유하고 역할 배분에 대한 책임감을 나누고 감시해야 한다는 평범한 깨달음이 필요하다. 케이팝에서는 이 대목에 대한 이해가 있었다고 보인다. 멤버 개개인에 대해 작지만 아주 강한 역할을 부여하는 전통을 확립했기 때문이다. 소녀시대를 예로 들면 리더가 태연이라면 센터는 윤아가 맡고 메인보컬은 제시카, 춤은 효연, 귀여움과 외국어는 티파니가 맡은 식이다. 물론 막내는 서현이다.

이런 전통이 이후 3세대 걸그룹 트와이스 등에도 잘 전승되었다. 이렇게 역할 분담이 잘된 이유는 팀워크가 깨지면 그룹 존속에 문제가 생긴다는 것을 멤버 모두 잘 알았기 때문이라고 보아야 한다. 그러니까 걸그룹은 미인대회에 출전해 '진선미'를 가리는 것이 아니라 에베레스트 등정에 나선 탐험대 같은 마인드를 가져야 한다. 팀원이 하나 빠지면 전체가 죽을 수 있다는 강한 동반자 의식 말이다.

케이팝 아이돌이 성공한 이유는 센터만이 아닌 기타 멤버의 중요성을 깨닫고 여러 성과평가에서 배려와 보상을 해주었기 때문인 측면도 있다. 예를 들어 BTS 멤버 7명이나 트와이스 멤버 9명이 수익 배분에서 큰 차별을 받았다는 이야기는 듣지 못했다. 기획자나 설계자가 이런 분란을 미리 알아채고 멤버 설득과 성과평가 조정에 공을 들였을 것이다.

20년 전 프로야구 연봉 시스템에 대해 들은 적이 있다. 당시만 해도 개개인에게 적용되는 성과지표가 127개가 넘었다. 그 이후에도 여러 성과 지표를 계발하고 수정해왔을 것이다. 프로야구처럼 거의 모든 조건이 동일한 10개 팀이 경쟁할 때 성적이 잘 안 나오는 팀은 인사평가, 보상시스템 체계가 미흡한 경우가 많다. 개인과 팀의 관계는 사실 영원히 풀리지 않는 숙제다. 그래서 더욱 케이팝 사례를 본격적으로 연구해야 한다는 생각이 든다.

# 장인 정신이 현실 세계에서
# 위험한 이유

## 쟈니스의 장기 집권과
## 제이팝의 퇴조

법조인들을 만나면 가장 많이 듣는 말이 "우리 같은 전문가는 점심 먹을 시간도 없을 정도로 너무 바쁘다"라는 것이다. 로펌 변호사도, 중견검사도, 고위법관도 하나같이 주어진 문서는 다 읽어야 한다며 일에 치여 죽겠다고 하소연했다. 판검사가 소송문서를 들고 퇴근하는 일은 다반사이고 점심시간을 샌드위치로 때우는 로펌 변호사도 많다.

그래서인지 법조인들과는 주로 유선전화로 의사소통을 했다<sub>이로써 변론이 법정에서가 아니라 전화로도 가능해진다.</sub> 서로 안면이 있다는 것은 법조계에서 막강한 힘이 된다. 같은 사무실에서 함께 일한 경험이 있다거나 연수원 동기라거나 대학 또는 고등학교 동종업계 선후배라면 더더욱 반갑고, 강력하고 솔직한 협상을 하게 된다. 예를 들어 이렇다. "이 일에는 진짜 전문가가 필요합니다. 서울지검 고위검사 출신 변호사 3명이 필요해요. 시작 가격은…." 워낙 바쁘고 공사가 다 망하기 때문에 네트워크가 밖으로 향하지 못하고 자꾸 안으로 파고 들곤 했다.

일본 시스템 이야기를 하다 보면 생각나는 집단이 일본 연예계를 50년째 좌지우지하는 압도적인 1위 기획사 쟈니스다. 제이팝의 퇴조는 쟈니스의 장기 집권과 뚜렷하게 맥을 같이한다. 쟈니스의 히스토리는 '나무위키'에서도 상술할 정도로 쟈니스는 이제 상식이 되었다. 남자 가수스타는 방송사와 기획사에 돈과 명예시청률를 안겨주는 엔터산업의 핵심자원이다. 그런데 쟈니스가 1970년대 중반에서 1980년대 이후 일본 스타메커니즘의 목줄을 독점해버렸다.

기획사와 미디어의 역학관계는 플랫폼 사업자인 방송사가 무조건 우위일 듯싶은데 일본에서는 그 관계가 역전되어 이상한 방향으로 고정되어 있다. 남자가 최고 스타가 되려면 쟈니스에 가야 한다. 쟈니스에 그런 인맥과 능력이 있기 때문이다. 방송사와 미디어사는 쟈니스에서 보유한 스타를 쓰려면 막대한 돈을 지불해야 한다. 이른바 강력한 저작권법이 핑곗거리가 된다. 이로써 어느 순간 미디어 스타가 특정기업에 사유화된다. 결국 이러한 경직된 관계가 1990년대 이후 제이팝을 몰락시켰다. 쟈니스 소속인 스마프, 아라시 등 1990년대에 데뷔한 스타들이 2020년까지도 맹활약하면서 후배들의 성장은 물론 업계 자체의 혁신을 막았기 때문이다.

이러한 상황에서는 뚜렷한 경쟁자도 나타나기 어렵고 경쟁 기획사가 방송사를 뚫기도 쉽지 않다. 물론 한국에서도 일종의 힘겨루기가 없는 것은 아니다. "우리 SM엔터 가수는 무조건 엔딩무대 아니면 안 합니다" 정도는 귀여운 갑질이다. "우리 YG 가수 무대장치가 JYP 가수 무대보다 후지면 다시는 안 나갑니다." "BTS를 모시려면 후배인 TXT 대우를 잘해주셔야 합니다" 역시 마찬가지다. 동시에 방송사에도 블랙리스트라는 응징 수단이 있다. '이번에 사고 친 YG 소속사 가수 ○개월 방송금지' 같은 조처 말이다. 반면, 초거대 스타를 압도적으로 보유한 쟈니스를 견제하는 데 실패한 일본 방송과 제이팝은 그들과 함께 몰락해버렸다.

## 장인 정신은
## 나쁜가

일본의 장인 정신은 오랜 시간 찬탄과 모방의 대상이 되었다. 실제 한국의 지식인과 소비자가 현대·기아차 노조를 비판하는 근거가 장인 정신이 없다는 대목이었다. 이는 일본의 문화와 기술을 압축하는 핵심 키워드에 해당한다. 자기 '업'에 고집스러운 전문가가 만들어내는 '이상사회'가 장인이라는 단어에 함축되어 있다. 스승과 제자가 있고, 핵심 기술과 전통을 지키는 집안과 전수자가 존재한다. 정치의 가업화가 그렇고, 기업의 세습화 역시 장인 정신의 연장선이 된다.

그렇다면 극한의 기술과 경험의 축적을 근간으로 하는 장인 정신이 왜 현실 세계에서 위험하게 작동하는 것일까? 이 문제를 쟈니스엔터의 사례로 비판하면 너무 벗어난 일일까? 쟈니스는 남자 스타, 특히 아이돌 가수를 만들어내는 데 특화된 전문 기업이다. 이 기업은 수십 년간 쌓아온 네트워크가 있고, 시장에 대한 비전이 있고, 아이돌 가수에 대한 전문성이 있다. 그리고 마치 명품을 만들 듯 아이돌 시스템을 독점하고, 일본 아이돌 자체가 되었다.

일본의 엔터테인먼트 시장이 한동안 압도적인 엔고와 내수시장을 바탕으로 미국에 이어 전 세계 2위를 차지한 것은 사실이다. 쟈니스가 공급하는 스타들이 그리 나쁜 것도 아니어서 아시아 시장에서 인기도 괜찮다. 일본의 장인 정신이 공급자 위주로 닫힌 순간 장인 정신은 딱 거기서 멈추고 만다. 전문성은 독이 되고, 지인들 간 네트워크는 편협한 독과점 카르텔의 주범이 되며, 결정적으로 스승과 제자의 편협한 관계는 파괴적 혁신을 막는 족쇄가 된다. 제이팝은 2000년대 수많은 세계관이 무한 경쟁을 펼친 케이팝에 밀려 추풍낙엽 신세가 되고 만 것이다.

그렇다면 장인 정신이 나쁜가? 그럴 리는 없지만 장인 정신이 구습을 옹호하는 측면이 강해서 공급자의 카르텔과 시장 부적응으로 이어지는 측면이 있다는 것이 문제다. 심지어 경제성이 나쁜 경우도 많다. 어차피 21세기는 기술 과잉 시대이기에 오버테크놀로지보다는 시장에서 생존할 수 있는 영민한 기술이 더 중요하다. 심지어 일본의 기술이 더 낫다는 증거도 점차 희미해지고 있다. 기술의 혼다와 JIT적기생산방식의 도요타가 대량생산 시대에 현대와 기아보다 뚜렷하게 차이를 보일 리도 없다. 제이팝의 고차원 녹음 기술이 음악성과 스타성을 높여줄 리도 없다. 직업 숙련도와 노동자 윤리가 어느 정도 영향은 미치겠지만, 그것이 특정 국가의 장인 정신으로 입증될 리도 없다.

앞서 한국의 사법부 이야기를 꺼낸 이유도 일본 장인 정신의 몰락과 맥을 같이하기 때문이다. 한국 사법부 관여자들도 한정된 면허에서 오는 특권과 특혜를 사유화하면서 이를 자신들의 본질적 정신, 즉 장인의 손길로 미화한다. 사법부 마인드는 크게 두 가지로 요약된다. 높은 관직을 거친 분이 능력이 좋다는 전관예우 마인드와 연수원 성적이 좋은 변호사가 우수하다는 고시考試문화다물론 지금은 사법고시가 폐지되고 로스쿨로 바뀌었지만. 너무나 뚜렷한 공급자 위주 시장 아닌가? 여기에 소비자 판단은 개입할 여지가 없다. 변호사 평가 시스템이 정착되기 어려운 시장이다.

물론 전문가는 일정 부분 보호받아야 하고, 그들이 사회적으로 능력을 충분히 발휘하도록 배려하는 것이 효과적이다. 그렇다고 해서 쟈니스 사례처럼 특정 집단이 시장을 독점하고 규율을 좌지우지해서는 곤란하다. 방송스타나 전문성을 보증하는 면허라는 것은 어차피 한정된 자원을 활용해 굴러가기 때문이다. 의사나 변호사가 무한한 전문성과 독점적 자유를 지닌 장인이 아니라는 말이다. 전문가에게 '당신은 보편성을 지닌 존재'라는 것을 각인해주는 시장과 국가의 감시 역할이 필요하다.

지금까지 다룬 여러 사례를 종합하면, 일본이 지향해온 장인 정신은 공급자 중심 마인드로 왜곡되기 쉬우며 그것을 시정할 공정거래감시기구가 제대로 작동하지 못하면 해당 시장이 부패하기 쉽다는 것이다. 한국의 사법부나 일본 정치의 가업 승계식 지역구 의석 승계도 같은 비판 영역에 서 있다. 정치, 사법, 의료, 방송 시스템은 우동가게를 승계하거나 현대차 노조 지위를 승계하는 것과는 완전히 다르다.

그렇다면 제이팝은 왜 몰락했을까? 보편성을 잃었기 때문이다. 키가 크다거나 영어로 노래를 부르는 것이 중요한 것은 아니다. 더 잘생기고 칼군무를 잘하는 인재가 부족해서도 아니다. 말 그대로 보편성, 균형이라는 중요한 가치 사이에서 공공성과 전문성이 균형을 잃었기 때문이다. 장인 정신이 분명히 존재해야 할 분야가 있지만 공공성을 과잉 침해하면 정말 곤란해진다. 이는 우리나라 법률 시장에도 꼭 하고 싶은 이야기다.

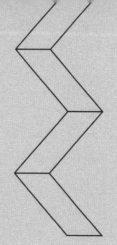

## 3장

# 국경을 넘어
# 케이팝에 기여한 음악

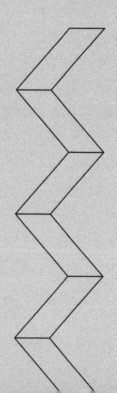

# 만주국이 키운
# 아시아 낭만가요

$\times$

## 아시아의 낭만시대와
## 〈예라이샹〉

20세기 동아시아 최대 사건이 바로 1937년 있었던 중일전쟁이라고 본다. 중일전쟁이 아시아의 운명과 현대사의 큰 틀을 결정지었기 때문이다. 만일 일본이 1931년 만주국 건국 수준에서 멈췄다면 중국과 조선, 나아가 아시아 역사가 어떻게 바뀌었을지 상상하기 쉽지 않다. 폭주기관차가 된 일제는 조금 만만해진 중국을 상대로 전쟁을 시작했고, 결국 10여 년 뒤 공산당의 대륙지배라는 어마어마한 결과를 가져왔다. 한반도 분단 역시 중일전쟁의 후폭풍에 속한다.

1932년부터 1945년까지로 단명한 만주국은 지금도 미스터리한 존재감으로 많은 이의 호기심을 끌어낸다. 만주국이 일제의 개척지, 인종 통합의 실험실 등 동아시아 근대화의 상징적 체제로 남았기 때문이다. 동북3성이라고 하는 것보다 만슈고쿠滿洲國라고 하면 현대적인 아우라가 뿜어 나온다.

만주사관학교 출신인 박정희는 정권을 잡자 유독 만주 인맥을 아꼈다. 최규하 전 대통령이 바로 만주에서 잠시 공무원 생활을 하다가 남한 공무원으로 신분을 바꾼 경우다. 물론 이런 경향은 대만에도 있고 일본 공무원 사회에도 무수히 존재한다. 아베의 뒤를 이은 스가 전 총리의 아버지가 만주국 핵심기관인 남만주철도에서 근무했다는 점이 회자되기도 했다. 그만큼 만주국은 동아시아에 뚜렷한 족적을 남긴 것이다.

중국 선양은 주위에 산이 하나도 없어 완전 평지에 있는 만주의 중심도시다. 선양을 차지한 세력이 주위 사방 3,000리를 지배할 수 있는 지정학적 요충지다. 철강 중공업이 발달해 하늘이 늘 잿빛이라는 점이 특징이다. 만주국의 정치수도는 창춘이지만 선양이 최대 산업도시다. 일제가 만주와 중국을 지배하기 위해 심혈을 기울여 동북아 최대 경제도시로 키워내면서 한때는 아시아에서 가장 현대적이고 미래적인 공간이었다. 게다가 중일전쟁이 끝난 이후 일본은 1943년까지 파죽지세로 상하이, 광저우, 충칭 부근까지 밀고 내려갔다. 선양은 전쟁의 참화를 겪지 않은 중국의 빛나는 미래이기도 했다. 일본 방식의 모더니즘이 지배하는 새로운 아시아, 현대적인 대륙, 과학과 예술이 꽃피는 문명사회…. 중국에서도 친일파가 차고 넘치던 곳이었다.

선양은 많은 러시아인, 독일인, 영국인, 미국인이 찾아오면서 전례 없는 동서양 복합문화가 꽃피었다. 만주국은 선진 체제를 알리기 위해 당시 최첨단 매체인 영화를 선전·선동 도구로 활용했다. 영화가 거의 모든 예술이 집대성된 매체로 평가받기 때문이다. 그 모더니즘의 물결 속에서 탄생한 최고 스타가 바로 이향란李香蘭(1920~2014), 일본 이름 야마구치 요시코이다. 이향란은 만주국의 시대정신을 품은 대륙의 첫 스타 가수였다. 체제는 군국주의이지만 겉은 개인의 자유와 사랑의 달콤함이 담긴 낭만주의로 포장하는 데 동원된 것이다.

20세기 아시아에서 가장 유명한 노래가 무엇인지에 대한 답은 쉽게 찾지 못할 것이다. 구체적 통계로 입증하기가 쉽지 않기 때문이다. 나는 등려군鄧麗君(1953~1995)의 1,000여 곡이나 되는 노래 가운데 〈예라이샹夜来香, 야래향〉을 가장 유명한 노래로 꼽는다. 이 노래를 한번 들은 사람은 절대로 잊을 수 없다. 쉽고 현대적인 가락에 중국적 느낌과 일본적 느낌이 함께 담겼다.

아시아 최고 가수인 등려군을 모르는 이는 많지 않을 것이다. 우리나라에서만 그의 존재감이 미약할 뿐 케이팝이 등장하기 전에 그녀는 아시아 최고 스타였다. 국민당 군인의 딸로 태어나 마흔세 살에 죽기까지 1,000여 곡을 민난어, 영어, 일본어 등으로 부르며 중국 대륙을 포함한 화교사회는 물론 아시아 최고 스타로 활동했다. 1996년 그가 태국 치앙마이에서 급사하자 대만 팬을 비롯한 팬 수억 명이 대성통곡한 것은 유명한 일화다.

그런 그의 최대 히트곡 〈예라이샹〉은 만주국의 스타 이향란의 대표곡이기도 하다. 등려군은 어떻게 이향란의 노래를 다시 불러 스타가 되었을까?

# 이향란과
# 등려군의 연결 고리

20세기 아시아 갈등의 주요 축은 사버린티 Sovereignty 대 모더니티Modernity의 갈등 구조로 요약된다. 20세기 초 중국 상황을 요약하면, 만주국은 모더니티의 상징이 되었고, 공산당은 중화민족의 자주권이라는 대표성을 획득한다. 그럼 장개석蔣介石, 장제스(1887~1975)이 이끈 국민당의 포지션은 어떠했을까? 바로 중립의 위치를 점한다. 일본 유학파인 장개석은 일본의 메이지유신을 참고하면 중국 민족의 독자적 모더니티가 가능하다고 생각했다. 하지만 중일전쟁이 일어나면서 장개석의 모호한 노선은 민중의 표적이 된다. 그 결과 마오쩌둥의 공산당이 중국의 대표성을 쥐게 되었고, 중국은 총력 반일의 시대로 진입한다.

따지고 보면 만주국이 시도한 중국의 모더니즘 정신이 이어진 곳은 장개석이 지휘한 전후 대만사회였다. 국민당 군인의 딸인 등려군이 만주국 출신의 최고 모더니스트 이향란의 노래를 리바이벌한 것은 너무도 자연스러운 선택이었을 것이다. 만주국 선배가 불렀던 노래는 사실상 대만의 정신이기도 했으며, 그야말로 아시아 모더니즘의 출발점이었을 테니 말이다.

1979년 등려군이 중화권에서 활동을 본격화하자 베이징 정부는 등려군의 노래를 금지곡으로 지정했다. 이향란의 노래를 불렀기 때문이다. 베이징 관점에서 볼 때 이향란은 친일파에 친자본인 매국노였으니 그의 노래도 사상적으로 불온할 수밖에 없었다. 하지만 아무리 민족의 자주권이 앞선다 해도 시대를 선도한 이향란—등려군의 노래를 중국인들도 차마 거부할 수 없었다. 많은 중국인은 1980년대를 '등(鄧) 씨 두 명이 지배했던 시대'로 회상할 정도다. 당연히 등소평과 등려군이다.

그리고 그렇게 등려군의 노래를 몰래 들은 베이징 시민들은 1989년 천안문 시위의 주역이자 가장 큰 피해자가 되기도 했다. 낭만적 감수성과 모더니즘의 힘이 그렇게 강력했던 것이다. 끔찍했던 1989년 참사 이후 등려군에 대한 탄압도 누그러진다. 이제는 중국인들도 자유롭게 등려군 노래를 즐길 수 있게 되었다.

이향란이 전쟁이 끝난 뒤 모국인 일본으로 돌아간 것처럼, 등려군도 1980년대에 자연스럽게 일본으로 진출해서 최고 전성기를 누린다. 그는 평생 일본 노래를 270여 곡 발표하며 중화권 최고 가수이자 일본어 시장에서도 최고 가수라는 진귀한 기록을 남긴다. 이런 일은 다시 없을 것이다. 이 또한 그가 중일 합작 노선의 상징인 대만 출신이었기에 가능한 일이었을 것이다.그 무렵 가왕 조용필도 일본에 진출해 등려군과 텔레비전 무대에서 마주치기도 했다.

등려군이 일본어 버전 노래를 발표한 것은 현대 아시아 음악시장에 하나의 형식을 만들어냈다. 물론 등려군이 일본어 버전 노래를 한 이유는 일본 시장이 압도적으로 컸기 때문이다. 여기에 만주국 시절 이향란이 세운 전통도 작은 역할을 했다. 중국어와 일본어 둘 다 소화하는 대중음악 말이다. 등려군도 그 전통에 힘을 더했다. 한국의 케이팝 가수들도 따지고 보면 만주국이 주도한 모더니즘의 영향권 아래 있다. 그리하여 조용필 이래 많은 가수가 일본어 시장을 노크했고, 현재도 이런 경향은 계속된다. JYP의 일본 진출도 역사적 맥락이 있는 도전이다.

등려군이 죽은 뒤 거의 모든 중화권 여가수는 그의 노래를 부르는 것이 하나의 전통이 되었다. 그의 노래는 중국어, 광둥어, 민난어, 일본어 등으로 불리고 있으며 한국에도 주현미 버전 〈예라이샹〉이 있다. 이 노래는 앞서 언급한 대로 1930년대 후반에 만들어져 상하이를 중심으로 유행했으며, 1980년대 등려군 덕분에 전 아시아 지역에 퍼진, 아시아에서 가장 유명한 노래다. 중화권에 산 사람이라면 모든 세대에 걸쳐 절대 모를 리 없는 노래다.

# 글로벌 시대에도 유효한
# 국민가수 계보

## 국민가수라는
## 무게감

각 문화권을 대표하는 가수가 있게 마련이
다. 중화권에는 등려군이 있고, 일본에는 스마프smap가 있다고 해보
자. 당연히 태국이나 인도네시아, 미얀마에도 각국의 정체성을 대
변하는 국민적 스타 가수가 있다. 그러니까 국민이라는 타이틀은
그 언어권과 국가 체제 안에서 부여할 수 있는 최고 찬사다. 그런
타이틀을 얻은 가수는 행동거지 하나하나가 조심스러워지고 노래
에도 권위와 무게감이 실리는 반작용도 생긴다.

게다가 가수는 또 얼마나 많은가? 1년에 데뷔하는 가수가 국가별
로 최소 1,000명은 넘을 것이다. 국민가수는 대개 10~20년에 한 명
나올까 말까 하는 세대의 대표 위상이니 국민가수라는 타이틀을 붙
이는 일은 언론이나 평론가들도 절대로 쉽게 하지 못한다. 당장 한
국의 현대가요사만 훑어보아도 국민가수라는 타이틀을 부여할 만

한 후보는 이미자, 나훈아, 조용필 정도에 그친다. 아마도 1980년대 이후 국민가수라는 칭호에 가장 근접했던 인물은 조용필 정도가 유일하지 않나 싶다.

바둑의 최고수는 보통 '국수'라 하고, 싸고 질 좋은 표준형 제품을 '국민상품'이라고 칭한다예전에 경차 티코를 국민차라고 했다. 우파 진영이 연달아 내놓은 당명이 국민의당, 국민의힘이라는 점도 함의하는 바가 크다. 정주영 회장도 1990년대 초 고심 끝에 내놓은 당명이 '국민당'이었으며, 김대중의 뉴DJ플랜이 내놓은 묘안도 '국민회의'이기는 했다. 국민이란 내셔널리즘을 자연스럽게 내포하면서 동시에 탈이념적, 탈지역주의 느낌을 선사하는 무척이나 중립적·애국적이며 심지어 싸고 경제적이라는 느낌까지 선사하는 마법의 단어인 셈이다.

당연히 국민가수가 되려면 전 세대를 아울러야 한다. 특히 70대 할아버지부터 10대 청소년에게까지 두루두루 인정받아야 하므로 활동 기간도 길어야 하고 노래 장르도 넓어야 한다. 트로트부터 발라드와 댄스까지 유연해야 한다는 이야기인데, 이는 마치 과학자에게 물리학과 화학, 생물학 분야에 통달하라는 주문처럼 비현실적인 것이 사실이다. 이미자는 1960년대 베이스이기 때문에 댄스까지 섭렵할 필요는 없었지만, 1970년대 나훈아와 남진은 1990년대 이후 젊은 층에게 외면받았고, 1980년대의 조용필(1950)은 각고의 노력으로 빠른 비트의 가요까지 섭렵하면서 무난하게 '국민가수' 타이틀을 지켜냈다.

나훈아 노래가 좋은 것은 사실이지만 1980~1990년대에 성장한 이들에게 그의 노래는 관심사가 아니었다. 지나치게 토속적인 창법이 국제화와 현대화를 추구하는 사회적·체제적 분위기와 호응하지 못했던 것이리라. 딱 한 번 그의 노래를 1980년대 후반 〈이종환의 디스크쇼〉에서 들었다. 〈무시로〉를 틀어주던 DJ의 차가운 멘트가 아직도 기억에 남아 있다.

"원래, 우리 같은 팝채널에서는 나훈아를 틀어주면 안 되는데… 어찌 되었든 참 좋죠? 나훈아의 〈무시로〉였습니다. 저도 오랜만에 들어보네요."

국민이라는 타이틀이 갖는 또 하나의 한계가 바로 '체제 순응적'이라는 느낌이다. 조용필이 당대 국민가수였던 점은 인정하지만 그는 어쩔 수 없이 그 시대 예술인이 지녀야 했던 사회 내 낮은 서열의 한계도 동시에 안고 있었다. 가장 대표적인 것이 앨범사와 방송사 권력에 순응해야 하는 딴따라 위치를 젊은 시절 오래 견뎌야 했던 것이다.


## 일본 진출의 발판이 된
## 조용필의 엔카시대

조용필과 지구레코드의 저작권 소송은 시사하는 바가 크다. 당시만 해도 가수는 앨범사가 고용한 소리꾼에 지나지 않았다. 앨범이 팔리면 정확한 판매수치는 유통사와 소속사만 알고, 성공한 가수에게는 차 한 대 새로 뽑아주는 것으로 수익배분을 끝냈다. 가수는 어쩔 수 없이 밤무대를 뛰며 지갑을 채우는 상황이 오래 이어졌다. 그 때문에 조용필의 초기 저작권은 대개 앨범사에 있었고, 조용필이 무대에서 노래를 부르려면 앨범사에 저작권료를 내야 했다. 이런 관행은 이문세와 변진섭 등 1990년대 가수에게도 적용되었고, 서태지나 신해철 등 셀프 프로듀싱이 가능한 아티스트가 1990년대 중반에 대거 나오면서 서서히 극복되었다.

국가 체제와 관계도 지금 관점으로는 아쉬운 대목이다. 건전가요의 개념 말이다. 조용필의 최대 히트곡인 〈돌아와요 부산항에〉라는 노래가 1970년대 후반 한반도를 넘어 일본에까지 전파되어 크게 히트한 배경에는 당시 동북아 사회를 크게 뒤흔든 북한의 '재일교포 북송' 사건이 있다. 물론 한국에 사는 사람은 당시 사건의 심각성을 잘 몰랐지만, 북한과 체제 경쟁을 하던 군사정부나 일본 자민당 정권에 재일교포 문제는 최상급 이슈였다.

이 와중에 조용필의 "돌아와요~ 부산항에 그리운 내 형제여"라는 노랫가락은 한일 정부의 의중을 꿰뚫는 가장 적확한 워딩이자 체제 선전 노래가 되고 만다. 사실 이 노래 이후 조용필은 전두환 시대 가장 각광받는 국민가수로 발돋움했으며, 1986년 아시안게임 이후 국제화 바람을 타고 일본 본토로까지 진출하는 한국인 최초의 국제 가수가 된다. 물론 그의 선택은 '엔카'였고, 당연히 엔카를 한국어로만 불렀을 리는 없다. 이후 조용필의 엔카시대는 수많은 후배 트로트 가수가 일본으로 진출하는 중요한 발판이 되기도 한다.

일본 대중문화 수입 금지 시기로 한국인의 해외 진출 역시 쉽지 않던 때에 조용필은 재일교포의 감정을 어루만지며 일본에 진출한 한국 가수이지만, 체제 친화적 위치와 자신의 장기인 트로트 베이스 창법을 살짝 비틀어 엔카로 변주해 일본에서 성공한 가수도 되는 셈이다. 당시 그 어떤 언론도 후자로 해석하지 않았기에 조용필은 전통가요와 현대적 밴드 시스템을 결합한 한국 가요의 왕, 가왕이라는 칭호를 아주 오래 유지하게 된다.


## 새로운 국민가수 후보
## 아이유

새로운 국민가수 후보는 아이유IU, 이지은(1993)다. 지금 가장 유력한 국민가수이자 국제화 시대에 도저히 불가능할 것만 같던 '국민'이라는 타이틀을 재소환한 인물이 바로 아이유다. 서른도 안 된 나이에 그의 위치는 너무도 확고부동해서 타의 추종을 불허할 정도다. 자연스럽게 국민가수 타이틀을 달고 롱런할 것 같다. 특히 2020년 〈KBS 언택트 콘서트〉의 선택이 나훈아와 아이유였음에 주목해보자. 그 어떤 기준으로도 이 둘의 선택에 이의를 제기한 시청자가 없었다. 아마도 이 둘 이외에 다른 선택조용필과 BTS 제외을 했다면 뒷말이 나왔을 것이다. 게다가 이 둘은 마치 국가의 부름이라도 받은 양 전장에 나가는 장수처럼 훌륭하게 특별무대를 마무리했다.

사실 아시아에서 국민적national이라는 타이틀은 토착적ethnic+indigenous이라는 말에 가까운 느낌이 있다. 즉 외국물을 너무 많이 먹은 교포 출신이라든가, 외국 멤버가 많은 어린 걸그룹에 국민이라는 타이틀을 붙이지는 않는다. 힙합가수에게 국민래퍼라는 말도 어색하다. 아이유는 해외파 뮤지션이 판치는 아이돌계에서 거의 기적에 가까운 순수 국내파 이력을 보유하고 있다. 그에게 해외 진출을 독려하는 팬도 없고 영어를 쓰는 아이유는 어색함 그 자체다. 게다가 1990년대 이후 한국 가요의 주류로 자리 잡은 발라드를 딱히 해외 유행 사조에 휩쓸리지 않고 토속적이면서도 현대적으로 오밀조밀 표현해낸다.

데뷔 10년 만에 4050 남성들까지 사로잡은 비결에는 드라마〈나의 아저씨〉등에서 보인 탄탄한 연기력도 한몫했다고 보아야 한다. 사실 아이유는 워낙 한국적인 얼굴과 이미지라서 국민 여가수라는 타이틀에 거부감을 느낄 사람이 거의 없을 정도로 한국에 특화되었다. 그 흔한 영어노래 하나 없는데 동남아 팬들이 자생적·폭발적으로 느끼는 것도 신기한 일이다. 아이유가 노래는 물론 드라마로 가장 한국적이고 토착적인 한국 가수의 상징으로 자리매김하고 있으니 놀라운 일이다.

# 아시아 도시 문명의 대변인
# 무라카미 하루키와 왕가위

×

## 하루키식
## 전공투 유산

　　　　　아시아의 의식적 모더니즘<sub>합리성, 자기반성</sub>은 1980년대 초 철저하게 패배했다. 일본의 전공투<sub>全共鬪, 대학 운동권 연합</sub>는 이미 1970년에, 태국과 미얀마와 대만·중국의 민주화 운동은 1980년 대에, 필리핀의 시민혁명은 잠시 성공한 듯 보였으나 드라마틱하게 타락하며 변질되었다. 그 대신 지구적 자본주의 체제와 성공적으로 결합한 아시아의 네 마리 용<sub>대만, 한국, 홍콩, 싱가포르</sub>과 일본 중심 아시아 경제성장의 시대가 막이 오르고, 중국 또한 개혁·개방에 본격적으로 나선다.

　1990년대를 상징하는 작가는 단연코 일본의 무라카미 하루키<sub>村上春樹(1949)</sub>다. 놀랍게도 한국의 이문열과 한 살 차이지만 그는 1990년 대를 넘어 2000년대까지도 아시아 젊은 세대를 대변하는 진보성 으로 길고도 깊은 파장을 남겼다. 그가 한국에 본격적으로 소개된

1991~1993년은 한국 운동권이 그야말로 마지막 불꽃을 태우고 소멸의 길로 접어드는 시기였다. 전공투 출신 하루키의 감수성이 한국에 파고들기 딱 좋은 시점이었다.

하루키 소설의 겉모습은 이문열과 큰 차이가 없다. 끊임없이 존재의 위치와 방향을 고민했지만 길을 찾지 못하고 좌절했다. 그가 고민했던 배경은 당연히 '실존' 문제였다. 도쿄대학 야스다 강당의 대투쟁(1969)으로 기억되는 전공투 세대는 주로 1960년대에 학창 시절을 보낸 이들이 주도했다. 영화 〈공각기동대〉〈인랑〉의 원작자 오시이 마모루押井守(1951) 역시 같은 세대다. 전공투 세대는 일제가 패망한 직후 미군정에 의해 일본의 더러운 역사를 정면으로 직시한 세대다. 유일하게 반성의 역사를 경험했다는 말이다. 이는 당연히 패전국 국민의 의무였지만 보수주의자에게는 큰 수치이기도 했다.

평화헌법 이후 일본 사회, 특히 젊은 세대는 부모가 저지른 끔찍한 역사에 경악했고, 즉시 사회개조 투쟁에 나선다. 역사를 반성한 결과였다. 미국이 제공한 '진실의 거울'을 받아든 청춘이라면 마땅히 기성사회에 반항해야 하는 시대였다. 학교를 점거하고, 구시대 교수를 거부하고, 기존의 모든 걸 파괴하는 극좌운동에 나선다. 1969년, 젊은 세대의 반항에 놀란 보수세력은 '일본의 부활'이라는 기치 아래 역사라는 거울을 폐기해버린다. 추악한 현실을 가리고, 자랑스럽고 아름다운 역사만 가르치기 시작한 것이다. 리얼리즘은 정신을 얼마나 피폐하게 만드는가? 반면 조금만 눈 감으면 일본은 얼마나 위대한가? 야스쿠니를 찬양하고 경제성장의 열매만 누리면 되지 않겠는가? 하루키가 1970년대 중반 이후 마주한 일본의 벽이었다.

하루키 소설에서는 전공투의 유산이 아주 짧게만 묘사된다. 《태엽 감는 새》에서 만주와 몽골에서 있었던 끔찍한 노몬한 전투 이야기라든지, 《1Q84》에서 혁명에 실패한 운동가들이 도쿄를 빠져나와 시골로 숨어들어 일종의 폐쇄적 공동체 운동으로 퇴화된 모습 등이 그것이다. 워낙 짧게 지나가므로 독자로서는 하루키의 태도와 줏대 없는 캐릭터가 불만스럽기 짝이 없다. 흘러가는 내용만으로는 하루키의 진심을 알아채기가 어렵기 때문이다.


## 미국, 재즈, 대도시라는 신세계

하루키가 일본의 기성사회를 거부한 용기는 칭찬해줄 만하지만 충분히 만족스럽지는 않다. 다만, 좌절한 후배세대에게 뚜렷한 탈출구는 제시했다. 바로 미국이라는 더 큰 세계, 재즈라는 무규칙 탈역사—비정형의 세계, 도시 문명이라는 전혀 새로운 도전거리를 보여준 것이다. 하루키 월드에는 이제 농촌이나 공장과 같은 획일적인 사회가 등장하지 않는다.

거기에는 언제나 맥주가 있고 도전해야 할 낯설고 익명성에 가려진 여성이 있고, 멋들어진 재즈와 내면을 파고드는 끊임없는 일상의 충돌과 미스터리적 우연성만 있다. 현실이 실망스럽다고 이문열처럼 봉건주의나 중화 무협주의의 세계로 가거나, 일부 전공투처럼 홍길동식 도피적 이상사회 건설에 나서지 말라는 충고였다. 그럼에도 문명적 도시에 남아 친구를 발견하고 우연성과 함께하라는 충고였다.

21세기를 기다리는 아시아 젊은이들이 하루키에게 열광한 이유는 그가 보여준 낯선 길이 압도적으로 매력적이었기 때문이다. 적당한 타협주의였지만 뚜렷한 대안이 된 것이다. 경제는 성장했고 도시는 확대되고 고도화되었다. 더는 고된 혁명의 외길에 매몰되지 않는다. 집중해야 할 일은 눈앞에 무한의 확률로 펼쳐져 있다. 새로운 노래와 영화는 꾸준히 만들어졌고, 소비해야 할 상품도 세상천지이며, 만나고 사랑해야 할 이성도 많았다. 이제는 도시의 익명성으로 숨어 들어가 나 자신의 삶과 타인의 삶도 보듬어 안는 시대가 되었다는 것이다. 게다가 우리에게는 미국이라는 신세계도 기다리고 있다. 안으로 후퇴하지 말고 바깥세계로 담담하게 나아가라는 메시지였다.

## 서로 맞닿은 왕가위와 하루키의 해법

왕가위와 하루키는 직접적 관계가 전혀 없다. 그런데 1990년대 한국 사회에서 왕가위는 줄곧 하루키 세계와 일종의 쌍둥이처럼 존재해왔다. 왕가위(1958)는 영화화한 하루키이자 중화세계의 하루키였다. 한국 젊은이들이 하루키 소설을 읽으며 상상한 바로 그 정서와 이미지를 가장 엇비슷하게 구현해낸 영화감독이 바로 홍콩의 왕가위가 되는 식이다.

'발 없는 새'로 유명한 〈아비정전〉의 아비 역시 하루키 소설의 주인공들과 엇비슷한 처지다. 홍콩의 현대사도 출발부터 어긋난 것이다. 다리 없이 허공에서 탄생한 아비를 닮았다. 아비의 필리핀 귀족인 생모는 어릴 적 그를 버린 뒤 다시는 만나주지 않았고, 아비는 젊은 남자나 좋아하는 계모 밑에서 투쟁심을 키우며 자랐다. 땅에 발을 딛는 순간이 바로 자신이 죽는 때라는 사실을 그는 알았다. 하지만 왕가위는 그게 모든 아시아 젊은이의 공통된 고민이자 절대로 풀 수 없는 한계임을 토로한다. 그럼 해법은 무엇인가? 영국은 홍콩을 버렸고 세계인은 더 이상 홍콩의 자유에 관심이 없다.

왕가위의 〈중경삼림〉이 제시하는 해법은 포기하지 말고 이웃을 사랑하며 자기 존재를 소중히 여기면서 살아가라는 은근한 권유에 가깝다. 하루키의 해법과 맞닿아 있다. 너무 멀리는 도망가지 말라고 충고한다. 우리가 현재 살아가는 도시 안에도 공통의 고민을 하는 동지와 친구와 낯선 행인이 많으니 말이다. 우리에게 주어진 풍요롭고 복잡한 대도시는 결국 우리가 부대끼고 낯선 이들을 발견하며 살아야 할 새로운 도전과제임을 동시대인에게 알린 것이다.

하루키 월드의 거주민은 정확하게는 아시아의 대도시에서 살아가는 모든 청춘이다. 1990년대 이후 아주 많은 독자가 하루키 작품이 영화로 만들어지기를 기대했지만 모두 실패했다. 해당 영화 제작자들은 모두 '하루키=일본 작가'라는 편견에 빠져 있었다. 하루키 작품의 배경이 일본의 도쿄일 필요는 없다. 적당한 아시아 대도시 어디라도 상관없다. 중국의 베이징이나 충칭, 서울의 홍대여도 무방하다. 그러니 각색에서 실패한 것이다. 그 결과 나에게 하루키 월드를 대표하는 이미지는 〈중경삼림〉의 히로인 왕비王菲, 왕페이(1969)다.

그는 하루키적이면서 왕가위 작품 속 인물 같은 인생을 살았다. 현대적 대도시 베이징에서 태어난 그는 홍콩에서 연예인 생활을 시작했다. 그리고 광둥어로 노래하는 가수로 중화권에서 엄청난 명성을 쌓았다. 잠시 뉴욕으로 도피도 해보았지만 결국 홍콩의 빌딩 숲으로 돌아온다. 문득 베이징으로 훌쩍 날아가 무명의 로커와 결혼하고 딸을 낳았지만 이혼하고 다시 결혼해 가족을 꾸린다. 그의 노래와 인생은 바람처럼 자유롭지만 그렇다고 비겁하거나 자기 모멸적이지는 않다. 도회적인 멋과 장난기 그리고 호기심까지 가득해 보인다.

〈중경삼림〉의 주제곡 〈몽중인〉은 그 제목처럼 도시 안의 청춘들이 상상하는 밝고 적당히 몽환적인 이미지를 준다. 이제 50대가 된 왕비는 아시아 청춘세대의 대표 얼굴이자 중국 현대화의 상징으로 아로새겨졌다. 내가 2010년 이후 중국 광저우나 베이징에서 만난 젊은이들도 한국의 젊은 세대가 그랬듯이 하루키를 읽고 카페에서 재즈를 즐겼다. 아시아 대도시는 대개 하루키스럽다. 아시아의 청춘은 정확히 도시에서 탄생해 서로 닮아가며 서로를 그리워한다.

# 영국, 동남아
# 귀족 사회의 지향

## 영국이
## 최강의 악당일까

1997년 영국이 홍콩에서 물러났다는 사실은 세계사에서 중대한 사건이 된다. 19세기 말 전 세계를 휘돌아 일본을 거쳐 조선반도의 거문도(1885)에까지 이르며 러시아의 남진을 견제했던 대영제국이 거의 150년 만에 동북아시아에서 완전히 발을 빼는 순간이었기 때문이다. 20세기 내내 홍콩은 영국의 일부였고 동북아 재화의 주요 블랙홀이 되었다. 영국의 식민도시는 주로 국제도시라고 부르지 식민지라고 하지는 않는다.

이 시기 영국의 퇴조는 동남아시아에서도 뚜렷했다. 1995년 전통의 영국 베어링은행이 싱가포르에서 파생상품 관리를 제대로 하지 못해 파산에 이른다. 스물일곱 살짜리 신출내기 금융인 닉 리슨의 윤리적 태만을 런던 본사의 꼰대 임원들이 감시하지 못한 것이다. 파생상품에 대한 이해가 부족할 때의 일이지만, 영국의 실력이 드러난 사건이기도 하다. 일본 고베 지진이 당시 잘나가던 일본의 닛케이 주가를 폭락시켰고, 닉 리슨은 자신이 둘 수 있는 최악의 수를 남발하고 본사까지 말아먹었다. 싱가포르에서 자본이 빠지고, 홍콩 반환으로 중국에서 퇴각한 뒤 1997년 금융 위기를 거치며 아시아에서 영국의 시대는 끝났다.

동남아에 가보면 가장 흔히 접할 수 있는 서구인은 영국인이다. 싱가포르뿐만 아니라 태국에 가도 중심가는 온통 영국 제국의 흔적이 있다. 말레이나 미얀마야 원래 영국 식민지 경력이 있으니 두말하면 잔소리다. 반면, 프랑스 영향을 진하게 받은 베트남, 캄보디아, 라오스에서는 생각보다 프랑스인을 찾기 어렵다. 그런데 영국인은 홍콩, 상하이에서 시작해 중국 남부를 타고 태국에서 다시 말레이반도를 거쳐 미얀마와 방글라데시, 인디아, 스리랑카까지 없는 데가 없다. 제국은 사라졌지만 영국인은 남았다.

오늘날까지도 동남아는 영국의 축구 식민지다. 6억 아세아인 전체가 좋아하는 EPL팀이 하나쯤은 있다. 영국에서 만들어 전파한 테니스도 동남아 전역에서 인기다. 특히 싱가포르에서 테니스는 거의 국민 스포츠 대접을 받는다. 축구, 럭비 등이 모두 영국식 스포츠다. 영국은 동남아시아의 200년 종주국이었던 셈이다. 영연방이라는 이름의 영국은 이른바 표준과 제도의 상징이었다. 결정적으로 아시아는 '영어'로 소통하게 되었다. 영국과 미국 2대에 걸친 앵글로색슨 제국 탓, 덕분이다.

근래 한국 젊은 네티즌 사이에 급속히 퍼진 지식 가운데 '영국이야말로 진정한 19세기, 20세기 빌런'이라는 대목이 있다. 여기에는 중동과 아프리카의 다양한 비극이 등장한다. 영국이 제국의 권리를 행사해 제멋대로 국경선을 긋자 기존의 민족과 국가들 사이에 대혼란이 벌어져 20세기 분쟁의 주요 원인이 되었다는 것이다. 1937년 중일전쟁 정도는 애교로 보일 정도로 끔찍한 참사에는 대부분 영국이 관련되어 있다. 게다가 문제가 터지면 자유방임주의라고 한다. 극동에 있는 한국에는 21세기에 들어서야 알려진 새로운 사실이다.

그런 관점에서 살피면, 우리가 사랑하는 007 시리즈의 첩보원은 그야말로 '악의 축'일 수 있다. 멋진 슈트와 첨단무기로 무장한 영국의 살인면허는 뚜렷한 보편가치가 없어 보이기 때문이다. 악당과 싸우는 것은 분명한데 악당이라고 하기에는 수준이 모호한 악당들만 나열한다. 냉전 종식을 반영했기 때문인지 또는 영국의 비전 상실 탓인지 고작 항공기 폭파로 파생상품 이득을 노리거나, 조직을 배신한 전직 첩보조직 요원 정도가 등장할 뿐이다. 주인공 제임스 본드는 하는 일도 별로 없으면서 늘 고뇌만 한다. 이는 007의 시대가 한참 전에 끝났다는 뜻이다.


## 아시아에서 영국의 의미와
## 바네사 메이 사례

1990년대 영국이 가고 미국 시대가 왔지만 한번 세워진 200년 전통이 금방 사라질까? 동남아 귀족사회가 존재하는 한 '부의 표준'은 당연히 영국 런던이다. 현재 런던은 동남아 귀족들에게는 한국의 강남, 정확히는 압구정동이나 대치동 정도로 받아들여진다. 이는 2018년 화제작 〈크레이지 리치 아시안〉이라는 영화에서도 살짝 소개된다. 1990년대 부를 축적하기 시작한 아시아의 귀족들이 '플렉스flex, 돈 자랑'하려고 가장 먼저 달려간 곳이 바로 런던이다. 2000년대 런던 부동산의 상승을 주도한 이들이 바로 아시아의 신흥 부자들이다.

이들은 대개 영국에서 공부했다. 1900년대 이후 아시아의 귀족, 엘리트는 영국에서 교육받는 것이 정통코스였다. 옥스퍼드, 케임브리지, UCLUniversity College London 등 명문대학을 거쳐 본국으로 돌아와 부를 쌓고 다시 런던에 돌아가 부동산을 사들이는 코스다. 사실 서울 강남의 신화도 그렇게 쌓인 것이다. 교육과 문화적 상징, 부의 대물림과 부동산의 연결 고리는 단순한 수요와 공급의 법칙보다 더 강력한 셈이다.

내가 처음 안 싱가포르인은 놀랍게도 바네사 메이Vanessa Mae(1978)라는 전자 바이올리니스트다. 그는 1995~1996년 런던을 넘어 전 세계를 폭격하다시피 했다. 〈스톰Storm〉이라는 곡은 언제 들어도 좋다. 이게 바로 미래주의futurism구나 하는 느낌이 있다. 갈색 피부와 아담한 체구에 싱가포르 국적이라는 설명이 무척 인상적이었다. 싱가포르 사람은 다 그처럼 생겼을 것이라는 편견도 생겼다.

하지만 그는 태국인과 중국인 사이에서 태어났으며, 중국계 엄마가 영국인과 재혼하면서 네 살 때 런던으로 이사가 그곳에서 엘리트 음악교육을 받았다. 그러니까 '태국계+중국계+싱가포르 국적'하면 영국인이 된다. 그야말로 20세기 동남아 역사의 모델 같은 신세대 여성이 되는 셈이다.

메이는 열일곱 살 때 들고 나온 팝스타일 전자바이올린 퍼포먼스로 글로벌 스타의 자리에 오른다. 원래 그는 정통 클래식 연주자인데 끼가 출중했는지, 아니면 당시 유행하던 세기말적 비전에 눈을 떴는지 클래식 엘리트의 길을 포기하고 팝스타로 전향했다. 그리고 앨범 하나를 전 세계에서 수천만 장 팔아치우며 싱가포르와 태국이 낳은 최고 팝스타로 이름을 알리게 된다.

당연히 돈방석에도 앉아서 2006년 영국의 30세 이하 부자 순위권에 올랐다. 물론 이후에도 꾸준히 활동하며 명성은 유지했지만 열일곱 살 시절의 충격적인 데뷔만큼은 아니었다. 2010년대에는 스키 선수로 활약하며 태국 국가대표 자리를 노려서 구설에 오르기도 했다. 여하튼 한국인에게 유명한 아세안인 가운데 하나가 바로 바네사 메이라는 영국인이 아닐까 싶다.

바네사 메이의 인생은 아세안 엘리트의 전형을 보여준다. 먼저 뚜렷한 영국 지향성이다. 어찌 되었든 재능이 있거나 돈이 많은 아세안 아이는 영국으로 보내지게 되어 있다. 그리고 영국에서 부여받은 새로운 정체성을 가지고 영국 제국의 울타리 안에서 부와 명성을 쌓는다. 그리고 그 부는 금고든 부동산이든 고스란히 영국 안에 다시 저장된다. 하지만 활동할수록 인종적이든 문화적이든 차이와 갈등을 느낀다. 그래서 다시 모국으로 돌아와 재기하는 스토리 말이다.

19세기 영국은 세계 경영에 나섰고 20세기 전반 영국은 아시아를 지배했다. 영국의 언어와 학교제도, 학술과 예술체제는 사실상 유라시아의 표준이 되었다. 그리고 1940년대와 1990년대 이후 영국은 군사권과 화폐 권력을 모조리 미국에 빼앗겼지만, 문화적 상징과 귀족주의와의 강고한 연결 고리로 여전히 아시아에 강한 영향을 미치고 있다.

영국이 지금까지도 영향력이 있어 보이는 이유는 그것 하나 때문일 것이다. "우리는 귀족을 우대합니다." 바네사 메이가 런던에서 엘리트 교육을 받고 잠시나마 제국 문화의 혁신자가 될 것 같았지만 지금은 평범한 부동산 재벌이자 동계아시안 게임의 태국 대표 자리를 노린 사람으로 남았음에도 여전히 과거의 영향력을 갖고 기억되는 것처럼 말이다.

# 개인주의 공맹孔孟에게
# 국적이 의미가 있을까

## 화교사회의 타오이즘과
## 공자의 국적

싱가포르 화교들의 세계관은 도교 70퍼센트에 유교 30퍼센트, 즉 뚜렷한 도교 우위라고 할 수 있다. 그나마 싱가포르가 나라꼴을 갖추었기에 유교적 감수성이 짙다고 할 수 있는데, 동남아 다른 지역 화교들은 국가 체제 바깥에서 가족과 출신지역 중심관시, 關係의 생존을 앞세워왔기에 도교철학이 90퍼센트 이상은 된다고 본다.

그렇다면 무엇으로 도교와 유교를 구분할까? 나는 유교주의와 타오이즘Taoism, 도교의 가장 쉬운 구분법은 '성선설'과 '성악설'이라고 생각한다. 이는 인간의 본성을 설명하는 데 그치지 않고 세계관에도 적용된다. 도교주의는 악과 선이 섞인 카오스적 무림세계에 가깝고 유교에는 뚜렷한 진릿값이 존재한다. 즉, 성선설에 대한 믿음이 있다.

도교는 확실히 민중의 기층신앙이다. 화교의 민중신앙은 유불선 3교의 장점이 뒤섞인 데다 조상신을 비롯한 세속의 여러 신을 섬기는 다신교에 가깝다. 여기에는 결정적으로 혼탁한 세상에서 자신과 가족의 '복'을 기원하며 궁극적으로 득도得道를 추구하는, 즉 신선에 대한 갈망이 있다. 절대적 진리를 추구하는 대신 상대적 진리와 현실적 행복의 비중이 크다 보니 이해와 실천이 쉽다.

그 결과 국가 체제 바깥의 민중으로부터 절대적인 사랑을 받았다. 언제나 불확실한 환경에 노출된 동남아 화교들에게는 더더욱 그랬을 것이다. 그래서 화교사회에서는 공자나 맹자가 인기 있는 철학자가 아니다. 공자와 맹자의 철학을 논할 수 있는 안정적인 사회 환경이 아시아에서는 적어도 지난 200년 사이에는 없었기 때문이다.

'아시아적 가치'를 주장한 사람으로는 싱가포르 정치가 리콴유李光耀(1923~2015)와 말레이시아 전 총리 마하티르 모하맛Mahathir Mohamad이 유명하지만, 이 둘은 사실 유교주의와 관계가 깊지 않다. 리콴유의 발언이나 싱가포르의 운영시스템을 뜯어보면 과거 권위주의 시대, 절대왕정 시대의 국가관에 가깝지 동양의 대표 철학인 공맹 사상과는 거리가 있어 보인다. 마하티르가 말하는 '아시아적 가치'도 연원을 따라가면 이슬람제국 시대의 왕정체제나 기껏해야 일본 메이지 유신의 업적 칭송에 가깝다.

서구 학자들은 동아시아의 대표 사상을 '공자주의confucianism'로 정리하여 동아시아 문명권으로 압축하는 분위기다. 상식적으로는 타오이즘을 대표 사상으로 보아야 할 것 같은데 말이다. 이는 먼저 불교는 남방불교미얀마, 태국, 캄보디아, 스리랑카로 동남아를 대표하고, 둘째, 도교가 다신교인 탓에 성격 규정이 모호하며, 마지막으로 일본의 영향이 큰 것으로 보인다. 일본은 확실히 기독교는 아니다. 또 '신토'는 토착사상일 뿐이다. 그러다 보니 한·중·일을 포괄하는 사상으로 '유교주의'만 남게 되었다.

'동양사상=유교주의'라고 요약되자 중국 학자들의 발걸음이 빨라졌다. 공자의 국적을 묻는 중국인이 많아진 것이 대표적 사례다. 특히 이 질문은 한국인에게만 집중된다. 단오절의 유네스코 등록 논란도 그런 맥락이다. 중국 청년들이 공자를 좋아해서라기보다는 '아시아 대표=중국'이라는 중화사상을 인정받고 싶어서일 뿐 별것 없다. 나름대로 대처법도 찾아놓았다.

"이봐, 공자가 진짜 한국인이라고 생각해?"라며 시비를 거는 사람이 분명히 있다. 이런 질문에 거의 모든 한국인이 "아니, 공자는 중국인 맞아"라고 대답하는데 그러지 말자. 오히려 이렇게 답하는 것이 정답에 가깝다.

"공자는 노魯나라 사람으로 기원전 550년에 태어났지. 하지만 중국China이라는 국호의 근간이 되는 진秦나라는 기원전 200년 무렵에 있었어. 그러니 공자는 진나라 때 사람이 아니라 그 이전 시대인 노나라 사람이지. 그리고 진시황제나 마오쩌둥의 공산당은 공자의 책을 모조리 불태우는 분서갱유를 했는데, 그건 혹시 아니?"

위대한 사상가나 종교인은 대부분 자신이 나고 자란 나라에서 인기가 없다. 공자보다 500년이나 뒤에 태어난 예수의 국적을 논하는 사람이 서구사회에 있는가? 예수의 국적은 사실상 무의미해서 오히려 유럽 전역에서 널리 존경받는다. 마호메트나 부처의 국적을 딱 잘라 말하는 사람은 파시스트일 것이다. 이들은 각 문명권에서 널리 사랑받는 선지자이므로 여기에 국적을 덧씌우는 순간 그 문명권 자체가 타락하고 몰락했다는 증거가 될 것이다. '시진핑의 현대 중국'과 공자 철학이 도대체 무슨 관계가 있을까? 여하튼 만일 공자의 국적을 논해야 할 상황이 온다면 '노나라' 사람이라고 하면 된다.

## 유학의
## 진짜 힘은 무엇일까

싱가포르의 리콴유가 '아시아주의=국가에 대한 충성심, 공동체에 대한 헌신, 예절과 성실'이라고 한 것을 유교주의의 일종으로 해석해왔지만 이는 사실이 아닐 가능성이 크다. 리콴유 집안이 광둥성에서 이주한 하카객가인이고, 동양사상을 자연스럽게 체득한 것은 맞겠지만, 오히려 영국 식민지에서 나고 자라 영국에서 유학한 영국인에 가깝기 때문이다. 게다가 싱가포르가 채택한 엘리트주의도 실력주의의 연장선일 뿐 유교주의의 이상과는 거리가 멀다. 만약 '국가에 대한 충성'이라는 철학이 앞섰다면 총리 연봉이 25억 원이나 될 리가 없다. 나는 싱가포르가 유교주의와 별로 관계없는 '중상주의' 국가라고 생각한다.

유교주의 세계관과 그 실천 전략은 생각보다 논지를 펼치기 어렵다. 역사와 철학이 온통 혼재된 탓이다. 조선이 유교 이상주의를 꿈꾸었다고 하지만, 막상 그 후예인 우리도 조선 유교의 핵심 철학을 제대로 설명하지 못한다. 이미 수많은 동양철학자, 사회학자, 정치철학자가 동양주의의 정수인 유교주의에 대한 이론을 전개해왔지만 사실 탁상공론에 가깝다. 싱가포르국립대학교에서는 한국의 대표 사상가로 서울대학교 교수 김경동의 논문이 커리큘럼으로 자주 올라왔다. 김 교수는 유교와 주역사상의 변증법적 세계관으로 동양의 근대화를 설명하는 한국의 최고 지성 가운데 한 분이다. 그런데 문제는 한국 사람도 공감하기보다는 고개가 갸우뚱해지는 대목이 많다는 것이다.

연세대학교에서 '발전주의 사회학'을 가르친 류석춘은 동양의 혈연·지연 계급의 구습을 서구의 '사회적 자본' 개념에 끼워맞추어 독일의 사회과학자 막스 베버Max Weber(1864~1920) 방식의 거대근대화 이론을 만들어내기도 했다. 이런 유명 사회학자들의 문제점은 동양의 발전과 추격을 베버가 그랬듯이 '동양의 종교와 세계관'으로 설명하려는 강박관념이 있다는 것이다. 유불선의 좋은 개념을 모두 나열하려다 보니 심지어 동양사상을 긍정적으로 바라보는 같은 동양인도 설득하지 못한다.

차라리 한신대학교 석좌교수 도올 김용옥과 재야 철학자 김동렬 등의 유교 접근법이 훨씬 솔직하고 직관적으로 이해하기 쉽다. 유교는 결국 '훌륭한 사람개인'을 만들려는 사회윤리에 해당한다는 말이다. 공자의 성선설인의예지에 기반을 두고 맹자의 '천인합일天人合一'의 대승적 세계를 지향하는 것이다. 허무적·기복적인 도가주의보다 실력과 지성의 힘을 중시하는 게 유학의 진짜 힘이다.


## 조용필,
## BTS와 맹자사상

등려군이 부른 노래 〈예라이샹〉의 가사를 곰곰이 뜯어보면 노자사상이 많이 담겨 있다. 인생은 하나의 꿈이 니 우리는 거기서 한 판 잘 놀다 가면 그만인데 돌이켜보니 그 시절 이 그립다는 이야기는 도가사상에 가깝다. 반면, 유교주의 노래의 대표적 사례는 한국의 가왕 조용필이 부른 노래다. 물론 조용필의 노래가 모두 유교주의라는 말은 아니다. 그렇게 해석할 소지가 많 다는 것일 뿐이다. 〈킬리만자로의 표범〉 같은 노래는 뚜렷하게 개 인의 실존과 역사에 대한 의지를 담았다.

바람처럼 왔다가 이슬처럼 갈 순 없잖아
내가 산 흔적일랑 남겨둬야지
한 줄기 연기처럼 가뭇없이 사라져도
빛나는 불꽃으로 타올라야지
묻지 마라 왜냐고 왜 그렇게 높은 곳까지
오르려 애쓰는지 묻지를 마라
고독한 남자의 불타는 영혼을

2008년 《동아일보》 홍호표 기자는 자신의 박사학위 논문을 바탕으로《조용필의 노래 맹자의 마음》을 펴내 조용필 노래의 가사를 유교적 관점에서 분석한 적이 있다. 물론 억지로 끼워맞춘 부분도 있고, 또 노래 가운데는 불교적 사상을 담은 곡도 많다. 하지만 조용필의 노래는 전반적으로 개인의 실존을 주제로 삼아 '우정' '사랑의 위대함' '천인합일'의 세계관과 대인관을 담았다. 만일 조용필이 맹자주의자라면 우리나라 가수 상당수가 '유교주의'의 틀 안으로 들어올 것이다. BTS가 이야기하는 '선한 영향력' 역시 맹자의 성선설에 기반을 둔 유교주의다.

사실 '유교 근대화' 이론은 말이 되는 듯싶으면서 말이 안 된다. 적어도 인류의 4대 문명 모두가 양심을 따르고 이웃을 사랑하며 궁극의 깨달음을 강조하기 때문이다. 베버의 '프로테스탄트 윤리' 저술이 사회학자들에게 무한한 감동을 선사한 것은 사실이지만, 그것이 다른 문명에 대한 기독교의 우위를 말하는 것은 아닐뿐더러 불교 문명이나 도교 문명을 바탕으로 하는 저개발사회를 합리화할 수도 없다. 실제로 유교 문명은 이미 2,000년 넘게 동양에서 뚜렷하게 사회 통합 기능을 해왔다. 그걸 깡그리 부정하고 다시 유교주의 근대화론이라니 어이가 없다.

공자와 맹자는 리콴유처럼 엘리트주의를 부르짖은 적도 없고 자본주의 방식의 국가이익을 강조한 적도 없다. 언제나 '의로움'으로 세상 이치를 따졌고 제자들에게는 치열하게 정진하여 군자가 되라고 강조했을 뿐이다. 훌륭한 사람이 되라는 주문은 절대로 엘리트주의가 아니다.

사실 개인의 발전 가능성에 대한 무한한 긍정과 낙관적인 유교 세계관이 동아시아 사회의 진보를 이룬 원동력이었다고 생각한다. 조용필의 50년에 걸친 노래 인생이 바로 그 적확한 사례가 된다. 끊임없는 정진, 현대적인 사운드 탐구, 적응, 혁신…. 모든 문명 안에는 위대한 개인에 대한 희망이 들어 있다. 그런 개인이 많아지면 자연스레 '사회적 자본'이 탄생할 것이다.

# 포르노 에로티시즘도
# 문명인가, 미엔링 논쟁

$\times$

## 미엔링,
## 동남아 성기술

일본 제품 안 쓰기 운동과 관련해 흥미로운 증언이 잇따르고 있다. 많은 이가 동의하는 대목은 "일제 수입품 가운데 경쟁력 있는 상품이 몇 남지 않았다"라는 것이다. 일본 만화나 게임이 대체품을 찾기 어려운 분야로 꼽힌다여기서 반도체 관련 첨단 제품은 논외로 한다. 과거 일제 카메라 등 방송장비도 그런 독점적 위치에 놓인 적이 있다. 이 같은 특수 영역을 빼면 일반 소비재는 거의 극복했다는 이야기일 것이다. 그런데 많은 남성이 농담 삼아 하나 더 추가하는 분야가 바로 일본 성인물adult video이다. 영원히 대체품이 없으며 중국이 작심하고 달려들어도 쉽지 않을 것이라는 의견도 있다.

대체로 문화적 우위를 점한 상품은 자연스레 국경을 넘는데, 이런 맥락에서는 일본의 에로/에로티시즘 콘텐츠도 국경을 횡단하는 상품에 포함해야 한다. 농담 삼아 일본을 '성性진국'으로 부르는 데는 100년 넘게 쌓아올린 막강한 콘텐츠와 도전적 인더스트리 그리고 충격적일 정도로 전근대적인 일본의 여성 인권이 결합된 측면이 있기 때문이다. 과연 이것도 산업이라고 해야 할지, 나아가 문명이라고 정의할 수 있을지 궁금해진다.

당연히 반론이 나온다. 현재 우리 정부가 성인물, 음란물 콘텐츠에 대해 전 세계 최고 수준의 규제를 하기 때문에 이는 정상적인 문화의 확산이라기보다는 불법이라는 특수성을 활용한 시장 침투며 정상적인 거래나 문명의 우위로는 볼 수 없다는 것이다. 즉, 한국에서도 동일한 수준으로 규제가 풀린다면 일제 에로물을 볼 필요가 없어질 것이라고 한다. 포르노 산업은 마약 산업과 본질적으로 같다는 논지다.

이와 흡사한 논쟁이 있었다. 싱가포르국립대학교 대학원 수업시간에 벌어진 일이니 음담패설이 아닌 진지한 학술논쟁으로 생각해주면 좋겠다. 미얀마의 중국어 표기는 미옌디엔緬甸이다. 면전국이라는 뜻이다. 1,000년 전 만들어진 한자 이름인 '아주 멀리 보이는 땅'이라는 의미인데, 미얀마라는 발음과 의미를 잘 잡아낸 것이 흥미롭다. 여하튼, 미얀마라는 이름을 쓴 일반명사 가운데 아시아에서 가장 유명한 이름이 영어로는 Burmese Bell로 불리는 미옌링緬铃이다. 여기서 령鈴은 방울 령이다.

미옌링은 옥이나 돌로 만든 작은 구슬 모양의 종인데, 이 구슬을 남자 성기 거죽에 넣고 봉합하는 것이다. 우리나라에서도 일제강점기 전후에 한때 유행했다고 한다. 작은 구슬鈴이 거죽에 들어가니

울퉁불퉁해져 해바라기 모양을 띠기도 한다. 이 미옌링이 여러 가지로 분화되어 여성용도 있고 남성용도 있다고 한다.

　인도의 카마수트라 등 귀족집단의 성문화와 의료기술이 동남아로 전파되면서 발전된 기술로 보이는데, 이 문화가 미얀마와 교류하는 중국인을 타고 16세기부터 20세기까지 대륙으로 광범위하게 전파되었다. 중국 호사가들도 놀라서 미옌링이라는 기술과 문화에 대한 다양한 기록과 관찰기를 남겨놓았다. 면전국 사람은 몸에 옥구슬을 넣고 다녀 소리가 딸랑딸랑 난다는 둥, 이 시술을 받은 사람의 만족도가 높다는 둥, 여행 중 돈이 떨어진 남자가 이 옥구슬을 꺼내 돈으로 바꾸어 썼다는 둥…. 그리고 중국의 대중소설인 《금병매》《옥보단》에 이 남방에서 온 첨단 성기술이 다수 등장하게 된다.


## 더러운 욕망도
## 문화인가

　　　　　　　이 논쟁이 불거진 이유는 미국에서 공부한 미얀마 출신 소장파 역사학자가 미옌링에 대한 역사적 자료를 모두 모아서 논문을 한 편 썼기 때문이다. 이 학자는 기존의 연구 태도가 마음에 들지 않았다. 역사학자들이 거의 모든 문명은 선진국인 중국과 인도에서 왔다고 주장하니, 동남아시아는 언제나 이웃 대제국의 혜택만 받은 후진국이라는 느낌이 불쾌했을 것이다. 그래서 동남아, 특히 미얀마가 중국 대륙에 영향을 준 문화를 찾다가 미옌링 기술을 발견하고는 "문화란 쌍방향적이다. 절대로 일방향적이지 않다"라는 논지를 펴게 된 것이다.

그러자 역사학계에서도 논란이 일었다. 카마수트라도 인도 문명이니 그런 기준으로 본다면 미얀마의 미옌링도 일종의 문명으로 보면 되지 않느냐는 의견이 나온 것이다. 중국 송·명시대 유교주의 국가 체제에서 이런 음란한 문화를 권장할 리 없었으니 음지에서 잠깐 유행처럼 일어났다가 사라진 민간 영역의 사적 시술까지 문명에 포함하기에는 무리가 있다는 반론이 제기되었다.

이 논쟁은 처음부터 포르노와 에로티시즘의 차이를 제대로 구분하지 않았고 과학과 기술을 뚜렷이 나누지도 않았다. 문화를 연구하는 사람들은 정밀하게 개념 정의부터 하고 시작했을 법하지만, 역사 분야는 많은 경우 개념 차이보다는 '사실'에 더 무게가 실린다 문화연구자들은 문화, 하위문화, 카운터 컬처 등 다양하게 개념을 나누어 설명했을 것이다. 그래서인지 역사학도들은 미옌링의 성기술도 일종의 문화 확산으로 볼 수 있다는 의견이 많았다. 인간의 성 문제는 인류가 시작된 이래 항상 있었는데 이를 마약 같은 수준의 불법과 등치해서 생각할 것은 아니다. 또 실질적으로 중국과 동아시아인의 삶에 영향을 주었는데 굳이 아니라고 할 이유가 없다는 논지였다.

미옌링 논란의 연장선에서 일본 AV컬처를 바라보면 이것 역시 동시대 많은 세계인의 삶에 영향을 주는 문화 확산과 전파 사례가 될 수 있다는 생각이 든다. 최근 일본의 AV스타들이 유튜버로 나서서 어설픈 한국어로 다양한 잡설을 풀어내는데, 이런 콘텐츠가 다양한 반향을 일으키기도 한다. 추억의 스타를 접하는 감상 어린 태도 말이다. 이 같은 공감대는 일본과 한국에만 그치는 것이 아니라 중국을 넘어 아시아 전역과 미국의 아시아계 역시 마찬가지다.

 일본 아이돌 SKE48 멤버로 유명했던 미카미 유아는 전업 AV배우로 변신한 뒤 한국 진출에 관심을 두고 2018년 허니팝콘이라는 그룹을 만들어 한국에서 데뷔 무대에 선다. 물론 정식 데뷔는 아니어서 장난기 넘치는 형식을 취했지만 그 배후에는 한국에 포르노 문화의 양성화를 획책하는 거대 자본이 있을지도 모른다.

 이들이 발표한 음원이나 뮤비는 아주 잠깐 관심을 얻었지만 이내 기억에서 잊혔다. 아무리 예쁘고 이국적이라 해도 한국 대중문화에서 AV스타가 설 자리는 아직 없으니 말이다. 한국에서는 1997~1999년 IMF 외환 위기 시절《할리우드의 노랑나비》와 〈젖소부인 바람났네〉의 주인공이 주말 예능 시간에 메인으로 등장한 적이 있다.

# 현대의 발레 갈라쇼
# 케이팝 군무

×

## 발레공연에서 느낀 한계와
## 혁명적인 김연아의 등장

2002년 12월 즈음 국립극장에서 열린 국립발레단 연말 갈라쇼에서 난생처음 발레를 보았다. '갈라쇼gala show, 특별공연'가 무슨 뜻인지도 모르고 관람한 발레무대는 내 인생을 뒤흔들었다고 할 정도로 충격적이었다. 그토록 고급스러운 무대를 일찌감치 경험한 적이 없었다. 그전까지 내가 알던 무대의 쇼는 연극, 밴드공연, 뮤지컬이 전부였다. 국립발레단의 연말 갈라쇼는 한마디로 눈을 가득 채우고 머리가 깨질 정도로 '순수한 아름다움' 자체였다. 유럽 최전성기의 궁중과 귀족 가문을 배경으로 삼은 무대에서 적어도 20년 넘게 단련된 발레리나와 발레리노 수십 명이 화려하게 차려입고 무대를 통통 튀어 다니는 모습은 장관이었다.

그 뒤로 발레 팬이 되어 2007년까지는 1년에 적어도 세 번 이상 연말에는 〈호두까기 인형〉도 보고, 유명한 발레리노 인터뷰도 하고, 발레 관련 책도 사서 읽는 등 꽤 공을 들여 취미를 갈고닦았다. 나중에 발레나 무용평론을 해보고 싶다는 허황된 꿈도 품었다.

발레가 꽤 오래된 형식의 무대예술이다 보니 불만족스러운 대목이 보였다. 먼저 정중앙 자리 특혜가 너무 심했다. 보통 텔레비전에서 무대를 보면 정중앙 자리에서 보는 화각으로 중계된다. 그런데 조금만 값이 내려가면 좌우 구석자리나 맨 뒷좌석 표인데, 그런 표로 발레를 보면 감동이 반감되는 수준이 아니라 거의 잘려나간다. 관객이 소외되는 것이다. 3층에서 지젤 무대를 보며 꾸벅꾸벅 졸았던 적도 있다.

레퍼토리에도 한계가 있다. 발레는 판소리와 비슷해서 작품이 그리 많은 편이 아니다. 취미를 5년 정도 지속하다 보니 어느 순간 유명한 공연은 한 번씩 다 보게 되었다. 해마다 〈호두까기 인형〉을 볼 수는 없었다. 또 웬만한 공연에는 눈과 뇌가 반응하지 않게 되었다. 마니아가 되면 메인 댄서에 따라 다른 느낌을 받는다고 하는데, 내게는 그런 순간이 오지 않았다. 고전극을 넘어 현대발레에 매력을 느끼면 좋겠지만, 여전히 현대무용의 벽은 높기만 했다. 마지막으로, 비싼 입장권도 내게는 문제가 되었다. 발레라는 예술은 녹록하게 감당할 수준이 아니다 보니 극장 가듯이 표를 사주면서 친구를 데려갈 수 있는 것도 아니었다.

발레 팬으로서 가장 충격적인 환경의 변화는 아이스 발레에 해당하는 피겨스케이팅의 전면적 등장이 아닐까 싶다. 대략 2007년을 기점으로 김연아는 한국을 넘어 세계적 스타로 발돋움했다. 그리고 한국인 모두 김연아 선수가 선사하는 압도적 피지컬과 점프의 아름다움에 빠져들었다.

아주 오래전 어딘가에서 본 글 가운데 고대 로마와 중세시대 유럽에서 광범위하게 유행했던 '동상Statue' 문화가 어째서 현대에 완전히 사라졌는지 묻는 내용이 있었다. 해답은 의외로 간단해서 미디어가 발달했기 때문이라고 한다. 이제는 신문과 방송으로 스포츠 스타의 '몸'을 중계해주기 때문이라는 이야기였다. 그러니까 우리는 스포츠를 통해 아름답고 건강한 몸을 늘 소비할 수 있기 때문에 더는 청동으로 가짜 인물을 만들어 전시할 필요가 없다는 이야기였다.

그러한 측면에서 '김연아'의 등장은 나의 관심을 발레에서 빙판 위로 바꾸는 계기가 되었다. 실제로 김연아 선수의 퍼포먼스는 압도적인 예술 자체였으며 고차원적 무용에 가까웠다. 김연아 선수의 연기를 보면 지금도 즐겁다. 2010년과 2014년의 동계올림픽은 얼마나 아름다운 추억으로 남아 있는지. 김연아 시대를 거치며 나의 발레 취미는 완전히 사라지고 군무가 특기인 케이팝으로 관심사가 바뀌고 만다.

## 소녀시대의 9인 군무와
## 아이즈원의 환상동화

발레의 정수는 점프와 도약에 있지만, 발레의 아름다움은 '군무群舞'에서 온다고 생각한다. 여러 댄서가 같은 동작을 완벽하게 수행하면서 그것을 배경으로 메인 댄서가 화려하게 도약할 때 관객은 시각을 넘어 정신적 카타르시스마저 느낀다.

그런 점에서 케이팝의 안무는 발레와 비슷한 점이 적지 않다. 그것의 가능성을 보여준 것이 SM엔터의 소녀시대다.

2007년 소녀시대가 데뷔한 시점에 케이팝 팬들은 '미쳤다'고 수군거렸다. 연습생 대방출 아니냐는 비아냥거림도 있었다. 외모가 엇비슷한 9명이 무대 위에서 뛰어다니는 모습은 무척이나 혼란스러웠고, 과연 멤버 9명의 이름이나 대중에게 알릴 수 있을지 걱정해주었을 정도다. 9명으로 된 걸그룹이 성공할 수 있으리라고는 아무도 생각하지 않았던 시절의 이야기다.

그런데 소녀시대는 그것을 해냈다. 9명이 대형을 이루어 춤을 추고 노래를 부르는 것은 당시 기준에서 고난도 기술에 가까웠다. 물론 일본에는 50명이나 되는 그룹도 있다지만 케이팝의 군무는 제이팝과 본질적으로 다르다. 일본에서는 센터 한 명이 무대 비중을 50퍼센트 차지하지만, 한국에서는 6명이든 9명이든 멤버 전원이 상당히 공정하게 비중을 나누기 때문이다. 제이팝의 무대구성이 주연과 조연이 나뉜 고전발레에 가깝다면 케이팝은 오히려 현대무용에 가깝다.

발레라는 예술 장르에서 형식을 많이 빌려왔다고 생각되는 케이팝 그룹이 바로 2021년 해체한 아이즈원IZ*one이다. 2018년 프로듀스48에서 논란 속에 뽑힌 한국인과 일본인이 그 구성원이다. 처음에 12명으로 구성된다고 했을 때 '12명은 너무 많고 절대 쉽지 않을 텐데'라고 우려했다. 그런데 이미 멤버 숫자에 대한 우려는 안 해도 될 정도로 케이팝 인더스트리는 노하우를 갖춘 것 같다.

아이즈원의 특징은 한마디로 군무다. 12명의 짜임새 있는 움직임에서 관객은 시각적 카타르시스를 느낀다. 처음에는 그런 경향이 없다가 〈비올레타〉〈피에스타〉〈환상동화〉로 이어지는 최근 노래를 보면 눈에 띄게 발레라는 장르에서 무대 운영의 영감을 받은 것으로 보인다. 텔레비전 화면을 위한 구도로 안무나 퍼포먼스를 오밀조밀하게 구성했다. 주인공도 자주 바뀔 정도로 역동적이고 민주적이다.

〈환상동화〉는 이런 경향이 더욱 짙어졌다. 아름다운 발레를 한 편 보는 것 같다. 단지 발레슈즈를 신지 않았고 점프와 도약이 없을 뿐이다. 마치 12마리 백조가 움직이듯 밝고 아름답다. 케이팝은 사실 현대무용과 고전무용의 장점을 잘 차용한 듯 보인다. 그 덕분에 우리는 값비싼 공연장을 찾지 않고도 그에 준하는 예술적 문화를 향유할 수 있다. 더 경제적이고, 무대 퍼포먼스도 다채롭고, 심지어 노래도 부른다. 어쩌면 이것이 발레에는 위기가 될지도 모른다.

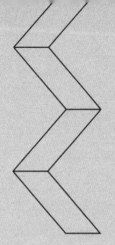

# 4장

# 너무나도 정치적인
# 한류와 케이 모델

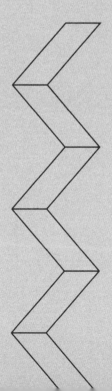

# 동북아
# 빠링허우 세대의 탄생

✕

## 중국에 대한
## 한국의 인식

중국에서 '와신상담臥薪嘗膽'의 상징이라고 할 등소평鄧小平, 덩샤오핑(1904~1997)이 집권한 1979년 이후 사회적으로는 1가구 1자녀 정책이 강력하게 추진되면서 탄생한 세대가 바로 1980년 대생, 즉 빠링허우80後다. 그들은 현재 마흔을 바라보는 나이로, 중국은 물론 아시아를 넘어 세계의 트렌드를 이끄는 중심 세대가 되었다. 이 빠링허우 세대를 집중 연구하는 중국의 젊은 사회학도도 적지 않다. 빠링허우가 한국의 386세대와 마찬가지로 신중국의 상징이기 때문이다.

먼저 이들은 중국 현대사에서 가장 어두운 시대라는 1970년대의 문화혁명을 겪지 않았고, 1989년 천안문 사태에 대한 기억도 희미하다. 1가구 1자녀로 태어나 1980년대 본격화한 개혁·개방의 거의 모든 특혜를 독식했다. 또 2008년 베이징올림픽의 성공적 개최와 함께 본격적인 사회생활을 시작한 세대이기도 하다. 물론 살인적인 입시 경쟁과 천문학적인 물가상승이라는 어려움도 맞이했지만, 전체적으로는 그사이 100배가 넘는 경제성장의 혜택을 1자녀, 즉 '소황제'로서 관심과 애정을 받으며 성공적으로 누려왔다. 당연히 국가에 대한 자부심이 가득 찬 '중화주의 애국심'이 이들의 사상적 배경 철학이 되었다.

한국에서 2000년 이전의 중국에 대한 인식이 어떠했는지 기억하거나 공론화하기는 쉽지 않다. 워낙 다이내믹하게 바뀌어왔기 때문이다. 한국에서 중국 붐은 1992년 한국이 대만과 국교를 끊고 중국과 수교한 1993년 무렵에 일기 시작했다. 당시 장밋빛 전망을 다룬 일간지 1면 보도가 생각난다. 한 세계 경제기관의 예측치를 바탕으로 '2020년 무렵에는 중국이 미국에 이어 세계 2위의 경제권을 이룬다'는 전망을 해서 독자들을 어리둥절하게 한 기사였다. 그때는 그런 낙관적 전망을 도저히 믿기 힘들었다. 한국은 이미 자체 휴대전화를 생산하고 있는데, 중국의 최대 수출품은 마늘, 부추 같은 농산품이었으니 말이다.

1990년대 중반에 중국을 다녀온 사람들이 들려준 이야기도 떠오른다. "아직도 우마차가 다녀" "횡단보도가 의미 없는 아수라장이야" "엉덩이 까고 함께 대변을 봐" "시장에 나온 게 다 가짜야…." 대륙과 50년 가까이 강제로 분리되어 살아온 효과이자 저개발에 대한 안심이었다. 그래도 한국은 여전히 중국학의 전통이 강한 나라이고, 중국이 앞으로 미래가 될 거라고 낙관하는 이들이 많았다. 그 덕에 1990년대 중반 각 대학의 중문과 입시 경쟁률은 천정부지로 뛰어올랐다. 이들은 곧바로 중국 유학에 나섰는데, 1년 남짓한 어학연수를 다녀와 쏟아내는 무용담도 1990년대 대학 캠퍼스에서는 진귀한 경험으로 회자되었다. 물론 세간의 관심은 압도적으로 유럽 배낭여행이었지만 말이다.

2000년 이후 인식 역시 크게 바뀌지 않았다. 중국은 '복제천국' '저가상품' '불결함의 상징'으로 여겨지며 상당히 강고한 혐오 대상이 되었다. 기생충 김치 파동이 그 무렵 터졌다. 물론 빠르게 변화하는 중국의 현실을 모르는 우물 안 개구리 같은 태도이기는 했다. 나는 2002년부터 2007년까지 중국을 본격적으로 드나들었는데, 그 시점에도 중국 대도시인 베이징, 상하이, 광저우 등의 인프라는 빠르게 서울 수준에 근접했다. 초고층 빌딩은 물론이고 도심 지하철의 경우 5호선부터 10호선까지가 동시에 공사가 진행될 정도로 중국 개혁·개방의 효과는 우리가 상상하는 이상으로 휘몰아쳤다.

## 역전의 시대
## 2010년대

2011년 중국 GDP가 일본을 역전했다는 통계가 나왔다기존의 전망을 무려 10년이나 앞당긴 쾌거였다. 그런데도 한국 지식인들은 꽤 한가한 소리만 늘어놓았다. 인구가 많으니 당연하다는 논리와 규모만 크지 질적으로는 아직 멀었다는 반응이 태반이었다. 하지만 그때쯤 중국에 진출했던 거의 모든 한국의 대기업은 계획한 일이 크게 잘못되어간다고 느꼈다. 해외기업 공장 상당수의 주인이 중국인으로 바뀌었고, 기술이 엇비슷한 중국 기업들이 우후죽순처럼 생겨났다. 한국에 게임을 빌려달라고 고개를 숙였던 텐센트가 좋은 사례다. 그리고 중국 정부의 '판호관리<sub>정부의 허가를 받은 정식 제품</sub>'라는 특혜를 받아 2010년 이후에는 한국 기업들에 갑질을 했다.

2014년 무렵 중국 선전과 광저우의 활기는 홍콩의 그것을 뛰어넘었다. 1980년대생은 하얀 와이셔츠를 입고 대기업에 출근하거나 글로벌 대박을 노리며 벤처 창업에 몰두했다. 그들에게는 샤오미와 화웨이라는 자국의 첨단 스마트폰이 쥐어져 있었고, 아파트 가격은 웬만하면 10억 원에 육박했다. 미국과 유럽에서 유학한 사람들이 속속 본토로 돌아와 글로벌 역량을 뽐어냈다. 그럼에도 2014년 무렵 한국 언론과 대중의 반응은 '1990년대 후반' 수준에 머물러 있었다. 이는 한국의 지식인, 언론인, 관료들의 중대한 실책이다. 지리적으로 가장 가까운 중국에 대한 정세분석에 완벽하게 실패했기 때문이다.


## 한국의 1970년대생과
## 이수만의 SM제국

1997~2001년 사이 한국 대중문화 시장의 지형을 바꾼 H.O.T가 전성기일 무렵 나는 문화 소비자로서 처음 좌절을 느꼈다. 〈캔디〉 등 1집의 폭발적 인기를 지켜보긴 했지만 1997년 이후 H.O.T의 행보는 내가 이해할 수 있는 수준을 넘어 '안드로메다'에 가 있었다. 그래서 2001년 그들이 해체할 때는 '드디어

이단이 물러가는구나' 하는 생각이 들 정도였다.

H.O.T가 준 이질감은 일종의 세대 차이였을 가능성이 크다. 1970년 대생이 느낀 첫 문화충격이었다. 1980년대생의 문화를 이해하지 못한 것이다. 일본 메탈밴드에서 베낀 듯한 세기말적 헤어스타일과 나이트클럽에서나 인기 있을 법한 펑퍼짐한 반짝이 의상에 격한 춤은 이해했다. 하지만 윙크를 포함해 애교를 부리거나 결정적으로 옹알옹알하는 가사처리는 랩도 아니고 힙합도 아니어서 도저히 공감할 수 없었다. 게다가 SES와 핑클 팬덤을 잡아먹을 듯한 공격적이고 전투적인 팬덤까지. 사실 이후 버전인 동방신기도 마찬가지이긴 했다.

이수만의 SM은 현진영 이후 족족 실패해 회사 붕괴를 눈앞에 두었다가 H.O.T와 SES의 기적과도 같은 대성공으로 회사가 회생한 것은 물론 사실상 케이팝 한류의 기틀을 닦았다. 그리고 H.O.T가 보여준 성공 공식은 케이팝 내부에서 하나의 롤 모델이 됨과 동시에 팬과 아티스트, 기획사 간의 복잡 미묘한 비즈니스 공식까지 세우게 된다. 물론 방송사도 여기에 넣어야 할 것이다.

이수만은 한류 개척자라는 평을 듣기에 충분한 인물이다. 10대 소녀들에게 어필하는 H.O.T라는 문화 상품을 창조했다는 점에서 천재적이라는 수식어가 아깝지 않다. 하지만 SM제국의 쇠락과 융성을 멀리서 지켜본 결과, 세상을 바꾸는 천재의 지략과 용맹도 중요하지만 전체 시장의 경쟁 환경이나 이를 규제하는 플랫폼의 역할도 중요하다는 것을 느꼈다. 아마 계속 독주했다면, SM은 일본의 쟈니스나 야스키로처럼 엔터 업계의 괴상하고 부정적인 행태를 반

복했을 가능성이 크다. 그런 점에서 견제 세력이 많은 것이 나쁜 것
만은 아니다.

　이수만의 혜안과 비전은 1999~2000년 무렵 H.O.T가 한류바람을
타고 중국의 신세대 젊은이들에게 폭발적인 인기를 끌면서부터 평
가를 받았다. 그는 이미 여러 번 2000년 당시 베이징 H.O.T 콘서트
장에서 느낀 감동과 흥분을 이야기했다. 그는 중국의 빠링허우 세
대가 한국 케이팝의 미래가 될 거라고 확신한 것이다. 그리하여 SM
의 눈 밝은 스카우터들은 2000년부터 2010년까지 중국 대륙의 예체
능 인재를 찾는 대모험을 시작한다. 2006년 선양의 오래된 예술학
교를 방문했을 때 그곳 교장이 SM 관계자가 해마다 온다고 심드렁
하게 하는 말을 듣고 깜짝 놀란 기억이 있다.


## 한류,
## 공통의 이야깃거리

　　　　　　　중국 젊은이들을 만나보면 강한 애국심에
깜짝 놀랄 때가 많다. 중국이 세계 최강, 세계 최고임을 의심하는
사람은 없다. 하지만 직접 만나서 속 깊은 이야기를 들어보면 살면
서 불안감과 초조감을 갖는 것은 마찬가지였다. 윈난성 출신 30대
사업가는 모든 삶의 기반은 중국에 있지만 하나뿐인 딸을 미국에서
출산했다고 했다. 중국이 최고라면서 원정출산을 하다니 이율배반
적이지만 그들은 좋은 게 좋은 거라고 생각하는 듯하다.

　이렇듯 빠링허우 세대와는 대화할 거리가 많다. 한류 이야기는

단골 소재다. 전에 일본 사람들과 미야자키 하야오와 무라카미 하루키 이야기로 친해졌다면, 중국 젊은이들은 H.O.T로 시작해 비를 거쳐 소녀시대를 지나 송혜교나 전지현 이야기로 이어진다. 공유하는 문화가 있다는 것은 정말 좋은 일이다. 추억은 불필요한 싸움을 막아준다. 게임 이야기도 좋다. 적어도 이 세대는 중국의 꽤 많은 대중문화가 한국에서 왔다는 것을 인지는 하고 있다. 겉으로 칭송만 안 할 뿐이다.

중국의 시대는 분명하게 온다. 어쩌면 이미 와 있을 수도 있다. 그리고 중국의 시대는 중국이 오판하게끔 너무 자유롭게 놔두어서는 안 된다. 한국, 일본은 물론 동남아시아가 바짝 붙어 밀착수비를 해야 한다. 독주하면 오판한다. 역사전쟁을 걸어와도 허허 웃으며 당당히 응하면 된다. 그리고 한국이 먼저 나서서 개방된 문명의 힘을 보여주어야 한다. 그래야 중국과 세계에 모두 좋다.

# 스타와 사회의 불화,
# 최초의 소설 인플루언서 신해철

✕

## 위상이 높아진
## 연예인

연예인의 정치참여 논란이 지금은 어느 정도 가닥이 잡힌 것이 사실이다. 능력이 되면 해도 되지만 안 엮이는 게 상책이라는 정도로. 하지만 2000년 무렵만 해도 대중은 색안경을 끼고 보았고, 보수 언론은 특히 '불편'하게 보았다. 대표적으로 친노진영의 맨 앞줄에 섰던 영화배우 문성근과 명계남이 있다. 언론은 연일 이 둘을 친노그룹 '치어리더'로 폄하하고, 정치인 자격도 안 되는 '딴따라'라는 수식어를 남용했다. 명계남의 과거 추문도 연일 공격 대상이었다.

사실 문성근은 여러모로 대중 정치인의 자격을 갖추기도 했다. 남다른 대중연설 능력에 아버지는 통일운동가이고, 지적이고 뚜렷한 연기 인생 등 무엇 하나 빠짐이 없었지만 대중과 언론은 '문성근의 눈물=영화배우=정치 아닌 연기'라는 연결 이미지로 공략했다.

물론 모든 정치인이 성공하는 것도 아니고 언론과 불화는 피할 수 없는 과정이지만 연예인이 정치인으로 변신할 때 상당히 다른 잣대를 들이댄 것은 분명하다. 배우가 가진 캐릭터의 영향력을 상업적으로 이용하면 문제가 안 되지만, 사회적으로 쓰면 공격을 받는 식이다.

정치인으로 변신한 연예인은 많은데 대개 배우이고 가수는 적다. 할리우드에는 로널드 레이건Ronald Reagan(1911~2004)과 아놀드 슈워제네거Arnold Schwarzenegger가 있다. 여기서는 아시아를 주제로 하니 1998년 필리핀 대통령이 된 조지프 에스트라다Joseph Estrada(1937)를 꼽아보려 한다. 그는 막 피어오르던 필리핀의 민주주의를 거의 파탄 내며 포퓰리즘의 정수를 보여주었다. 그를 필두로 제3세계의 연예인, 스포츠 스타 출신 대통령은 지금도 빈번히 사회 후진성의 상징으로 거론된다.

실제 한국의 보수정치가 연예인을 쓰는 방식은 주로 이미지 연출과 직능인 대표 역할에 불과했다. 가수 최희준, 배우 정한용·강신성일·이순재 등이 대표적이다. 한번은 배우 안성기와 인터뷰한 적이 있는데 그는 아주 잘나가던 시절에 비례대표로 국회에 들어가라는 제안과 강권을 자주 받았다고 털어놓았다. 말 그대로 '치어리더' 역할을 4년만 해달라는 의미였고, 현명한 이들은 이런 유혹을 요리조리 피해왔다는 뜻이기도 하다. 정치판에 차출된 인물 가운데 성공적으로 복귀한 사례도 드물어서 이순재 정도가 유일하다. 대중적 인기와 정치의 대표성이 뚜렷하게 구분되던 시절이었다.

오늘날 연예인은 가장 선망받는 직군이 되었다. A급 연예인은 끼리끼리 결혼하고 자녀를 연예인으로 만들려고 인맥을 동원하는 게 흔한 일이 되었다. 부모가 스타라면 정글 같은 연예계에서 한 번이라도 더 기회를 얻을 수 있고 데뷔하기도 일반인 경쟁자보다 훨씬 쉽다. 일반인이라는 표현부터 연예인의 특수 신분화를 함의하는 것이다. 강남에 빌딩 한 채 사기가 쉬운 직업이 의사, 변호사, 연예인 아니던가? 유명한 것 자체로 돈이 되는 시대인 덕분이다.

처음부터 연예인이 강자였던 것은 아니어서 오히려 지독한 약자에 가까웠다. 특히 여성 연예인은 더했고, 속칭 B급 연예인은 지금도 강자들의 쉬운 먹잇감이 된다. 1970년대 유명했던 가수 김추자의 비극적 사건을 들어본 이들이 많을 것이다. 임권택 감독이 충무로를 무대로 삼은 1980년대 B급 영화에는 종종 이들의 처절한 생존 사투가 묘사되기도 했다. 원래 연예시장 자체가 저잣거리 문화에서 출발했고, 그 자본과 무대의 주인은 주로 야쿠자와 비슷한 이들<sub>토착</sub><sup>적 폭력집단</sup>이었기 때문이다. 영화 〈패왕별희〉의 어린 장국영이 동네 유지에게 끌려가는 것이나 〈서편제〉 시절 노래꾼도 마찬가지였다.

독재 시대가 저물고 개인의 선택이 중요해진 민주주의<sub>대중문화</sub> 시대로 접어들자 이들의 신분 변화는 필연이 되었다. 특히 대중은 언제나 현명하고 바지런하지는 않다. 매스미디어 의존도가 높아지다 보니 스타에게 선택의 가장 빠른 경로를 맡기는 경향도 커졌다. 이른바 인플루언서<sub>influencer</sub>에게 의존하는 것이다. 처음에는 상품 선택에 영향을 주는 데 불과했지만, 점차 민감한 사회적 의제에 대한 판단까지도 유명 스타의 행동을 기준점으로 삼기 시작했다. 스타가 공인이 된 것이고, 정치와 대중문화의 벽이 상당히 낮아진 것이며, 대중문화 자체가 정치화한 것이다.

## 대학가요제 스타
## 신해철

인플루언서 연예인의 서막을 본격적으로
알린 가수가 바로 신해철이다. 물론 그가 데뷔할 당시에는 누리소통망(SNS)이 없었다.
중학생이던 1988년 생방송으로 접한 무한궤도의 〈그대에게〉에서
받은 충격은 평생 잊지 못할 듯싶다. 그 무렵 우리 세대도 '스카이
SKY'를 의식하지 않았나 싶다. 그것도 MBC 〈퀴즈아카데미〉의 영향
일까? 방송인 서경석의 서울대학교 이력이 화제가 되던 시절이다.
신해철이 이끄는 무한궤도의 신선한 사운드, 지적이고 참신한 외모
는 연예인의 기준을 순식간에 바꾸었다. 이승환, 015B 김동률, 박
진영 등 대학생 연예인도 그 전후 봇물처럼 쏟아져 나왔다. 그들은
공부를 잘하면서 연예인이 가능하구나 하는 생각이 들게 해주었다.

특히 1991~1992년은 그야말로 신해철의 시대였다. 전국의 모든
고등학생이 신해철의 노래를 따라 할 정도였다. 1990년대 중반 댄
스곡이 유행을 선도하자 신해철은 전혀 다른 음악을 들고 나왔다.
노래 가사에 말도 안 되는 수준의 멋짐과 리얼리즘을 불어넣은 것
이다.

사실 서태지는 〈시대유감〉〈교실 이데아〉 등 사회 비판 목소리가
들어간 곡을 가끔 발표하기는 했지만, 그가 가사로 사회와 직접 싸
운 것은 아니다. 그런데 신해철은 사상 처음으로 가사에 사회성을

담고 냉소적인 세태 묘사로 시대와 불화하기 시작한다. 노래 가사로 본격적인 사회운동가가 된 것이다.

1990년대 중후반 위태위태하게 선을 타던 그의 음악 노선은 2003년 노무현 탄핵 사태를 기점으로 급진적으로 현실정치에 맞닿았다. 그리고 죽기 직전인 2014년까지 그의 발언과 활동은 정치평론가이자 청소년의 멘토, 나아가 시대비평가의 자리에 합당한 수준이 되었다. 살아 있다면 김어준과 같은 수준의 사회적·정치적 영향력을 행사했을지도 모른다. 놀라운 점은 그 와중에도 그의 음악은 시대를 앞선 첨단이었으며, 탁월한 창의성으로 점철된 도전적 혁신이었다는 것이다.

## 불화 대 위선,
## 정치 아닌 정치

따지고 보면 우리 세대는 신해철이라는 대중예술인의 탄생부터 진화, 갈등, 변신 그리고 죽음에 이르기까지 모든 과정을 지켜보았다. 종편으로 생중계되다시피 한 그의 급작스럽고 어이없을 정도로 허망한 죽음은 그야말로 세대의 아픔이 되었다. 아시아에서 가장 급진적이고 정치적인 예술인의 비참한 죽음이기도 했다. 한국의 기득권 세력과 거침없이 싸우던 논객이자 로커이자 사회운동가가 의사 같지도 않은 장사꾼 의사의 칼에 무너진 꼴이 되었으니 말이다.

시간이 흐른 뒤 생각해보니 신해철은 한국 대중문화산업이 급속도로 산업화·귀족화하던 시기에 이를 거부하고 '인간의 길'을 선언한 거의 유일한 독립적 예술인이었다. 그는 뚜렷하게 '철학적'이라기보다는 '솔직함'으로 스타 본연의 역할에 충실했다. 최근 양산되는 케이팝 스타들은 기획사의 '관리'에 따른 이미지 메이킹에 과도하게 의존한다.

그런데 신해철만은 그 속에서 거의 유일하게 자신이 느낀 그대로를 대중과 솔직하게 토론함으로써 한국의 대중예술계가 사회와 유리된 존재가 아니라는 사실을 일깨우며 케이팝의 지평을 정치영역으로 확장했다.

최근 들어 연예인이 급속하게 귀족화하면서 오히려 사회 참여 의지는 크게 줄어들었다. 정치적 발언을 일삼는 연예인은 일부 극우적 보수 코인에 부화뇌동하는 이들뿐이다. 2008년 광우병 사태 이후 일부 연예인들의 사회성 짙은 발언에 대한 국정원의 지독한 블랙리스트 작업과 탄압 때문일 수도 있다. 연예인과 정치인의 다른 대표성에 대한 사회적 구별 짓기가 완전히 정리된 탓도 있으리라.

곰곰이 뜯어보면 연예인은 여전히 '사회의 공인'이라는 위치에서 미시정치 영역의 가장 치열한 투쟁의 주인공이 되어 있다. 한국 사회에 음주운전 관행이 줄어든 것이나 병역이행, 탈세, 성희롱 영역의 첫 검증 대상이 된 직군이 바로 이들이다. 노래 표절, 노예 계약, 립싱크, 스태프 착취, 음반 사재기, PD 접대 등 한국 사회의 고질적 비리와 맞닿아 개혁의 대상이 된 것 또한 연예계였다. 연예계는 한국 사회 개혁의 바로미터이기도 했다는 것이다. 이런 갈등과 더러운 현실을 슬기롭게 처리하는 것도 스타에게는 일종의 책무가 되었다.

　그 과정에서 신해철은 스타가 기존의 치어리더 역할에 그치지 않고 사회와 맞서 싸우기도 해야 한다는 것, 대중과 소통하고 충돌할 때 존재 의미가 있다는 것, 그리고 그에 따르는 논란과 과제를 묵묵히 헤쳐가야 한다는 것을 일깨운 인물이다. 그러기에 스타는 사회의 거울이며 기존 제도의 틀을 깨는 혁신가일 수밖에 없다는 사실을 알린 최초의 그리고 사실상 마지막 스타였다.

# 라디오는 정치적인가,
# 마지막 라디오 스타 정은임

×

## 1980년대 라디오 시대,
## 라디오와 추억

중심 연구 주제가 '아시아'와 '미디어'이다
보니 관련 연구는 꼭 본다. 학술에도 트렌드가 있는데, 최근 미디어
연구는 온통 SNS와 스트리밍 미디어다. 신문이나 텔레비전 연구는
10년 전 종말을 고한 듯싶다. 라디오 연구는 이미 20년 전에 사라졌
다. 대중의 언급 역시 크게 줄었고, 문화 영역은 물론 정치담론 영
역에서도 그렇다.

그런데 신기하게도 여전히 라디오의 정치적 영향력이 아시아에서
상당히 뚜렷한 것도 사실이다. 한국에도 손석희, 변상욱, 신해철,
김어준의 계보가 있지 않던가? 출근길 자동차에서 듣기도 하고 인
터넷으로 듣기도 한다. 아시아 곳곳에서 소수민족들은 지역 라디오
방송국을 세워 민족성과 커뮤니티성을 회복하는 데 사용한다. 기본
적으로 저항적 미디어의 기반은 라디오다. 싸고 강력하다 보니 부

지불식간에 라디오의 영향을 많이 받지만 막상 라디오는 미디어로 인식되지 않고 생활 도구처럼 느껴진다.

2000년대 중반 CBS 변상욱 앵커가 진행하던 오전 6~8시 뉴스프로그램에 참여한 적이 있다. 오전 6시 3분부터 10분까지 어제의 온라인 화젯거리를 중심으로 전화 연결을 하는 방식이었다. 처음에 PD가 부탁하기에 가볍게 승낙했는데 오전 6시라는 것이 함정이었다. 6시 방송을 하려면 5시 40분에는 일어나야 했고, 원고는 밤에 쓰니 12시, 1시가 넘어야 잠자리에 드는 경우도 있어서 그야말로 인생이 고행길이었다. 1년 반 가까이 주 3일을 방송했다. 방송사고도 자주 냈다. 그나마 듣는 사람이 거의 없는 시간이라 다행이었지만 말이다. 그래서 지금도 YTN 변상욱 앵커의 목소리를 들으면 무척 반갑다.

이 경험 덕분에 아침 라디오를 챙겨 듣게 되었는데, 한국의 라디오 스타는 손석희 앵커라고 생각한다. 아침 라디오 방송으로 2000년대 내내 한국 언론 영향력 1위를 지켜냈다. 그러고 보니 당시는 종편도 없었고 적당한 뉴스해설 프로그램이 드물던 시절이다. 손석희 방송만 출근시간에 들으면 한국과 지구촌 현안이 차분하게 정리되었다. 물론 변상욱 앵커의 CBS도 크게 선전한 시절이었다.

라디오는 특히 정치 영역에서 강했다는 생각이 든다. 대중에게 정치 내러티브를 은연중 심어준다. 신뢰할 수 있는 앵커가 말하면 더 믿을 만하다. 방송뉴스는 결국 캐릭터를 통해 정보를 전달하니 캐릭터가 뉴스보다 더 중요하다. 특히 라디오는 그 캐릭터의 진심까지 전달된다.

1970년대생은 한국의 막바지 라디오 전성기인 1990년 전후를 기억하는 마지막 세대가 아닐까 싶다. 강형철 감독의 영화 〈써니〉에 잘 묘사된 세대다. 1980년대 가정엔 대개 텔레비전 한 대만 안방에 놓였다. 그래서 아이들은 보통 밤 8시 이후에는 텔레비전에 접근할 수 없었다. 그 대신 애들 방이나 할머니 방에는 라디오가 있어서 밤에 그걸 틀어놓고 시간을 보냈다. 방송국에 엽서를 보내던 시절 말이다.

내 방이 있던 나는 〈이종환의 밤의 디스크쇼〉 애청자였는데, 이분이 연말에 들려주는 '애송시 100' '팝송 100' '가요 100' 같은 잡지적 특집기획에 열광했다. 박인환의 시 〈목마와 숙녀〉를 좋아하는데, 1980년대 후반 겨울밤에 DJ가 읽어주는 목소리와 분위기가 너무나 감동적이어서 기억에 박제된 것이다. 이분은 목소리의 깊이와 전달력이 탁월했다.

2000년대 초반 그가 MBC를 은퇴한 직후 TBS에서 오전 방송을 잠깐 진행했는데, 그의 정치관이 나와 너무 달라서 채널을 돌려버린 기억이 난다. 라디오는 그런 매체다. 본인에게 딱 맞는 채널만 고집한다. 아무리 추억이 좋다고 해도 바로 이 순간의 정서적 연대가 중요한 매체다. 당연히 라디오 시대는 1990년대 컬러텔레비전과 그에 걸맞은 화려한 콘텐츠에 더해 1가구 2텔레비전 시대가 되면서 막을 내렸다. 그리고 1990년대 중반쯤 음악방송 라디오 스타는 거의 다 사라지고 말았다.

## 영화음악의 급성장과
## 정은임 아나운서

　　　　　　　　　　　라디오라는 매체가 연구주제가 되기 어려운 이유는 바로 개인적인 강한 정서적 관계라는 데 있을 듯싶다. 보통 연구는 텍스트라는 객관적 내용을 가지고 분석해야 하는데 라디오는 DJ와 청취자가 보이지 않는 끈으로 연결되어 있다. 이는 그야말로 청자가 'DJ라는 캐릭터 전체'를 받아 안는 것이라 이를 바깥 연구자가 객관적으로 바라볼 수 없다. 그렇다고 '스타와 열정적인 팬덤'의 관계도 아니다. 팬이 아니라 존경하는 선생님이기도 하고 아주 친한 친척 누나나 친척 오빠 정도의 위상을 갖는다. 그 정서를 기사화하거나 연구 논문화하기는 무척 까다롭다. 아마도 그렇기에 강한 정치적 힘도 갖게 되는지 모른다. 조곤조곤 말하는 친척 형님이나 누님 말씀처럼 말이다.

　이 같은 경지에 올라선 마지막 프로그램이 나에게는 1993년과 1994년 MBC의 〈정은임의 영화음악〉이었다. 새벽 1시라는 시간대의 은밀함은 물론이고 우리 세대만을 위한 첫 여성 DJ였다. 게다가 당시 영화 붐이 일던 초기 첫 영화 전문 매체이기도 했다. 《씨네21》과 《키노》이전 이야기다. 당시 막 개막한 PC통신 시대에 최적화된 최초의 커뮤니티를 만들어준 핵심 콘텐츠이기도 했다. 약칭은 '정영음'이었다.

　1968년생 정은임 아나운서는 처음으로 당시 사회 전반에 일던 진보주의와 세련됨에 대한 욕망, 즉 좌파문화주의를 자기 목소리에 고스란히 담아 6070 세대에게 아주 정감 있게 전달한 방송인이다.

그것도 영화와 음악이라는 매개체를 활용해서 말이다. 1994년은 특히 한국현대사에 중요한 역사적 순간으로 기록되는 해인데, 이른바 PC통신 문명이 전 대학가를 폭격하기 시작했고 영화라는 매체의 인기가 폭발하면서 전국에서 영화감독을 꿈꾸는 청년들이 몰려들던 때였다. 그 무렵 《키노》가 창간되었고 그 토대의 한 기둥이 바로 정영음이었다.

## 비극,
## 라디오 시대의 종언

재수생 시절과 대학 1학년을 '정영음'과 함께 보낸 나의 작은 소원은 주말 특집코너인 '내 인생의 영화음악'에 엽서 한 통 보내는 일이었다. 물론 열아홉 살 청춘이 무슨 인생의 영화음악 리스트가 있었겠는가? 그런데 어느 순간 정은임 아나운서가 마이크를 내려놓아야 했다. 이에 반발한 PC통신 동호회 회원들이 꾸준히 투쟁을 벌였지만 방송국은 그런 것에 눈도 깜짝하지 않았다.

시간이 흘러 2002년 수습기자를 마칠 무렵 선배 한 분이 큰 인심을 쓰듯 방송국에서 만나고 싶은 사람이 있으면 인터뷰해보라고 했다. 그때 정은임 아나운서가 막 해외연수를 마치고 돌아왔다는 뉴스가 떠올라 정 아나운서를 만나고 싶다고 했다. 그리고 어떻게 하면 만나느냐고 물으니 "야, 이 바보야. 뭘 어떻게 만나. 네가 직접 전화해서 섭외해야지" 했다.

그렇게 떨리는 마음으로 MBC 아나운서국에 전화했더니 진짜 정은임 아나운서가 연결되었다. 이러저러한 인터뷰 좀 하자고 제안했더니 흔쾌히 응해주었다. 여의도에서 처음 만났을 때 이렇게 물었다. "매체 인터뷰는 거의 안 하셨지요?" "네, 맞아요. 1990년대는 상황이 그랬고, 이제는 미국 연수도 다녀왔는데 딱히 고정 프로가 없어요. 30대 생활인인데 제 홍보도 열심히 해서 고정 프로그램을 맡고 싶어요. 다시 팬들과 만나고 싶네요."

지금 생각해보니 서른네 살 젊은 나이였다. 여전히 푸릇푸릇함을 간직한 아기엄마였다. 2003년쯤 PC통신 정영음 회원들이 정은임 아나운서를 직접 초대한 작은 파티가 열렸다. 나도 슬그머니 다시 찾아가 인사드렸다. 이렇게 쓰고 보니 내가 진짜 팬이었나 싶다. 그리고 2003년 가을, 팬들의 정성이 통했는지 그가 새벽 2시 영화음악 프로그램으로 복귀하는 기적이 일어났다. 영화음악 팬들이 "MBC 사장님 만세"를 외친 이 시대 거의 마지막 순간이기도 했다.

지금은 기억하는 사람이 별로 없겠지만, 정은임의 라디오 복귀는 불과 6개월여의 인디언 서머, 말로 표현하기 힘든 처참한 방식으로 막을 내렸다. 새벽 2시 시간대 음악 프로그램 진행자를 그렇게 단기간에 자른 것은 전례가 없는 일이었다. 민주 정부 시절 MBC 라디오국에서 도대체 무슨 일이 있었는지 모르겠지만, 그는 그렇게 허망하게 마이크를 내려놓고, 불과 몇 개월 뒤 흑석교차로 부근 지하철 9호선 공사 현장에서 차가 뒤집히며 죽음에 이른다.

기억을 떠올려보니, 나는 사고 다음 날 여의도 성모병원을 찾아갔다. 기사를 쓰기 위해서라기보다는 너무도 충격적인 사고였기 때문이다. 정영음이 어떻게 소환한 인물인데…. 중환자실 앞에서 남편을 만나 인사드리고, 그분과 함께 온몸과 얼굴을 붕대로 칭칭 감고 있는 정 아나운서의 상태를 마주한 뒤 무거운 마음으로 집으로 돌아왔다. 그리고 겨우 이틀 뒤 세상을 떠났는데, 당시 기사 제목도 '마지막 라디오 스타의 죽음'이었다. 실제로 그러했고, 개인적으로는 더 그랬다. 그리고 그 뒤 나는 라디오를 거의 접하지 않았다.

물론 우리 세대는 잠깐 〈신해철의 고스트스테이션〉에 열광한 적은 있다. 무척 노골적이고 정치적인 콘텐츠였다. 나도 정치를 좋아하고 신해철도 존경했지만 직설적 소통호통과 욕설에는 딱히 가슴이 끌리지 않았다. 심야 라디오는 정서적 교감과 울림이 중요하다고 배우고 체험한 세대라 그럴 것이다. 라디오의 작은 목소리가 더 큰 울림을 갖기 때문이다. 정서는 더 정치적일 수 있으니 말이다.

# 한국과 미얀마의 접점,
# 토착신과 음악

✕

## 언론과
## 사이비 종교의 연대

미디어 시장에서 정론正論지와 상업지를 가르는 기준은 무엇일까? 물론 한 가지 기준만 있는 것은 아니지만, 존경하는 한 선배에게서 배운 구분법 중 하나로 무속巫俗에 대한 태도가 있다. 점쟁이나 사주팔자, 주역이나 풍수지리를 대하는 태도가 매우 호의적이면 상업지, 그런 미신에 관심이 없고 근대적 이성주의에 집중하면 정론지로 볼 수 있다는 것이었다.

국내 최대 발행 부수를 자랑하는 한 신문은 그런 측면에서는 상업지로 분류할 수 있다. 이 신문은 아주 오래전부터 심심하면 무속인의 입을 빌려 북한 김일성 부자의 운세를 진짜로 '점'치기도 하고, 뜬금없이 토정비결과 풍수지리 칼럼을 빈번히 게재했다. 기괴한 신비주의 사상을 내세우며 독자의 호기심을 끄는 데 100년 가까이 일조해왔기 때문이다. 1990년대 이후에도 이런 신비주의가 가끔 한국 언론에 유행처럼 돌고 돌았다.

사이비 종교와 신흥 종교 세력은 언론사의 수입원 가운데 하나다. 2000년 이후 종이 미디어의 광고 판매가 줄어든 반면 종교사업이 흥행을 기록하자 홍보 기사를 대행하는 사례가 급증한 것이다. 이미 기반을 확보한 정통 종교는 홍보비를 과도하게 집행할 리 만무하다. 대개 사이비나 신흥종교 집단이 언론 홍보에 힘을 쓴다. 처음에는 단순하게 권위 있는 미디어의 인정이 중요하겠거니 했다.

그런데 이것도 역사적 맥락이 있었다. 한국은 1920년대에 근대적 언론이 도입되었다. 그런데 이때는 한국의 정치가 제국에 종속되면서 각종 종교운동이 일반 대중 사이에 번성하던 시점이었다. 신문이라는 제도가 '모더니즘'의 산물이었으므로 초기 근대 언론의 공공의 적은 자연스럽게 미신과 사이비·신흥종교로 향했다. 한국 언론의 첫 대립항은 일제가 아니라 '무속적 샤머니즘' 신앙이었다는 말이다. 미신을 타파해야 '독립'이 가능하다는 모더니즘 정신의 출발이었다.

100년이 흐른 지금 그 목적이 얼마나 달성되었는지는 여전히 미심쩍다. 여전히 많은 언론사는 심심풀이로 토정비결이나 중국별점, 여러 종교지도자의 미래 구상을 특집기사로 실어주기 때문이다. 이를 작심하고 비판하려는 것보다는 동아시아 문명권 안에 자리 잡은 '애니미즘' '샤머니즘' '풍수사상'이 여전히 강고하게 남아 있음을 설명하고, 이것을 단순히 현대성으로 극복하기가 쉽지 않다는 사실을 고백하고자 함이다. 그렇다고 해서 언론과 사이비 종교의 연대를 찬성하는 것은 결코 아니다.

## 우리와 비슷한
## 미얀마의 무속신앙

　　　　　　　　나는 음악 전문가는 아니지만 어찌어찌하다 아시아 대중음악에 대해 글을 써보고 있는데, 확실히 동남아시아와 한국 사이에 근현대 문화 교류가 없어 글감을 찾기가 쉽지 않았다. 특히 미얀마와 한국은 현대적 접점이 하나도 없다시피 하다.

　그런데 미얀마의 전통-기층문화를 찬찬히 보고 있노라면 완전히 낯설지는 않다. 기층문화의 뜻이 '각 민족이나 지역의 전통적이고 고유한 서민 문화'라고 본다면 한국과 미얀마는 자연스럽게 아시아라는 동질성을 공유한다. 1,000년보다 훨씬 이전에 문명 교류를 활발하게 했다는 증거가 수도 없이 많다. 가장 대표적 대목이 바로 한국의 무속신앙과 거의 같은 구조로 반복되는 미얀마의 '낫nat' 신앙이다. 이를 설명해놓은 글을 읽으면 좀 모호하고 헷갈리지만 한국의 점집에서 볼 수 있는 '무속'이라고 생각하면 쉽게 이해가 갈 정도로 흡사하다.

　미얀마는 우리가 잘 알듯 불교 국가다. 그런데 남방불교는 국가 체제를 유지하려는 고등종교 역할에 머물 뿐 일반 미얀마인의 삶을 완벽하게 통제하는 것이 아니다. 민중은 거의 '낫 신앙'을 믿어서 점도 보고 부적도 만들며, 길일과 흉일을 피하는 택일법이나 숫자 조합에서 신비함을 추구하는 수비학數秘學, 예를 들어 숫자 4를 싫어하는 것을 결합하는 것도 한국과 흡사하다.

　미신이라고 할 수도 있지만 민중 대부분이 믿는다면 미신의 범주가 아니다. 예를 들어 전직 군부 지도자 딴셰Thanswe 장군이 열렬한

낫 신앙 신봉자였다. 그는 부적을 쓰고, 아웅산 수치에게 저주 주문을 걸고, 숫자의 신비함을 실제 정책과 택일에 도입했다. 이 사람뿐만 아니라 미얀마 고립 시기에 국가 운영의 최종심판자는 바로 무당이었다. 점을 쳐서 국가 중대사를 결정한 것이다. 중국 은나라상나라 시대에 거북이 등껍질로 점을 쳤듯이 말이다.

낫 신앙은 수백 년 전 37개 토착신으로 정리되었다. 이들 37개 신은 미얀마 민속설화에서 억울하게 죽은 주인공들이다. 그런데 어떤 설화는 심청이를 닮았고, 어떤 설화는 콩쥐팥쥐를 닮았으며, 심지어 최영 장군 이야기와 흡사한 것도 있었다. 이는 처음 낫귀신들의 사연을 들었을 때 느낀 것이다. 한국 전래동화 속 주인공이나 〈전설의 고향〉의 주인공과 똑같았다.

미얀마 민중이 부처를 믿기도 하지만 현실에서는 토착적 스토리를 가진 선조를 기리고, 그 원한을 달래며, 그들에게 힘을 달라고 빌고 또 빌었다는 말이다. 미얀마 문화가 티베트, 남몽골과 맞닿아 있다는 점에서 참 흥미로우면서도 아시아적 동질감을 느낄 수밖에 없는 대목이다.

예전에 취재를 핑계로 아주 영험하다는 무속인을 여럿 만난 적이 있다. 한 언론사 선배가 기자는 합리주의자이기 전에 사람들이 실제로 믿는 신앙의 현실적 힘도 인정해야 한다며 무속인 취재를 적극적으로 권한 것이다. 그 과정에서 서울 강남에서 만난 꽤 이름난 무속인이 기억난다. 이분의 영업장에는 꽤 무시무시한 인형이 즐비했다. 무속인은 대개 자신이 모시는 신이 한두 명씩 있으며, 사당에 다양한 토착신의 모습을 한 인형을 여럿 두는데 '눈'을 크게 그려서 기괴하게 느껴진다 미얀마의 낫도 이와 똑같다. 이분이 여름과 겨울에 한 달씩 산에 들어가 치성을 드리는데, 산속에서 전기기구도 없이 혼자 지냈다.

"무섭지 않으세요? 한 달이나 산속에서 치성을 드린다니…."

"내가 적어도 사람 운명을 대신 봐주고 바꾸어주려고 노력하는 존재인데, 고작 산속에 있는 게 무섭다면 말이 되나…. 그게 바로 내 직업이오."

그 말을 듣고 종교와 신앙은 간단치 않은 인간사의 중대한 일이라고 느꼈다.


## 민속음악의
## 원시적 힘

나는 굿하는 모습을 직접 본 적이 없다. 예전에는 영화나 텔레비전 드라마에 굿하는 장면이 가끔 나왔지만, 이제 한국에서도 굿은 옛일이 되었다. 그 대신 '김덕수의 사물놀이'라는 이름으로 농경문화의 한 갈래로 계승되는 것 같다. 하지만 음악이 축제에서만 사용되지는 않았을 테니 제사나 흉사에도 두루 쓰였을 것이다. 영화 〈곡성〉에서 황정민이 굿하는 장면이 대표적이다. 전통음악이 대개 북, 꽹과리, 피리 등으로 연주되지 않는가. 이런 구성은 몽골이나 티베트, 미얀마에서도 마찬가지다. 빠른 비트와 정신없을 정도의 노래 구성이 귀신을 불러내거나 악귀를 물리치는 데 쓰인다는 것 정도는 알 수 있다.

사물놀이를 제대로 본 사람은 알겠지만, 1시간 공연이라면 20분 정도는 지루할 정도로 단조로운 리듬만 반복된다. '세상에, 어쩌면 저리 심심한 음악이 있을까?' 하고 실망하기 쉽다. 그런데 20분을 잘 참고 견디면 인식의 대전환점이 찾아온다. 갑자기 그 리듬이 머릿속으로 파고 들어가 신경을 완벽하게 지배한다. 그렇게 10분만 더 참으면 나머지 30분은 엑스터시에 가까운 무아지경을 경험하며 어깨춤이 절로 난다.

박수무당이 칼 위를 걷고 저세상의 영혼과 접신하는 순간인 셈이다. 미얀마에서는 주로 게이들이 화장을 진하게 하고 박수무당이 되어 혼령을 불러오거나 망자의 영혼을 달래는 역할을 한다. 물론 여성 무당도 있고 남성 무당도 있지만 중성적인 무당이 훨씬 더 많다. 한국처럼 칼춤도 추고 칼 위를 걷기도 한다. 음악 구성은 약간 다르지만 비슷한 느낌이 훨씬 더 많다. 아마도 1,000년 전쯤에는 미얀마와 고려 사이에 비슷한 점이 훨씬 더 많았을 것이다.

# 최우방에서 '쯔위국'이 된
# 대만의 숨은 정체성

×

## 최우방에서
## 쯔위국으로

2005년 무렵 한창 중국어 학원을 다니며 한 언어교환 사이트에 프로필을 등록한 적이 있다. 30대 아저씨에게 중국어를 가르쳐줄 사람이 있을까 했는데 의외로 신청자가 있었다. 국적도 다양했는데, 그 가운데 대만인 20대 여성이 있었다.

실제 만난 적은 없고 몇 번 온라인 채팅으로 공부했는데, 그때가 대만에서 한국에 대한 관심이 폭발하던 시기였나보다. 그는 한국의 모든 것에 흥미가 있었고 한국어를 너무 배우고 싶어 했다. 나는 1999년 미국에서 한 짤막한 경험 때문에 이 대목이 무척 신기했다. 미국 텍사스의 한 어학원에서 깍쟁하기로 유명했던 대만 소녀가 늘 일본 아이들 옆에 찰싹 붙어 있었기 때문이다. 물론 한국이나 중국 남자들에게는 눈길 한번 주지 않았다. 그래서 미국 텍사스에서는 일본+대만 대 한국+중국 구도가 자연스레 펼쳐졌다.

내 또래 이하 한국인에게 대만<sub>자유중국</sub>은 상당히 맹숭맹숭한 나라다. 물론 나만 해도 대만과 연관된 기억은 한가득이다. 어릴 적 동네에 화교학교가 있었고, 1980년대에 어머니가 처음으로 국외 유람을 나선 곳이 바로 대만이지만 구체적으로 한국에 전달하는 힘의 느낌이 미약하기 때문이다. 개개인이 국제질서에 영향을 받지 않는 것 같지만, 대만 사례에서 꼭 그런 건 아니라는 사실을 알 수 있다. 예를 들어 우리는 중국에 갈 때면 '아, 역사적 대륙에 가는구나'라고 생각하고, 일본에 갈 때도 과거사를 어느 정도는 의식하게 된다. 미국이나 유럽 역시 마찬가지다. 그런데 대만은 우리와 외교관계도 없는 조금은 미약한 관계라는 것을 의식하게 된다.

하지만 1940년대부터 1980년대까지 대만이 한국에 얼마나 중요한 국가였는지 잘 알고 있다. 일제강점기 김구 임시정부의 사실상 '최종심급'이자 독립 한국의 최우방이었으며, 오랜 기간 중국과 연결된 직접적이고 긴밀한 끈이기도 했다. 그런 관계가 단절된 지 30년 가까이 되었기에 1990년대 이후 공백이 크게만 느껴진다. 그렇기에 걸그룹 트와이스의 대만 출신 쯔위에게 느끼는 감정이 더 특별할 수밖에 없다. 요즘 젊은이들은 대만을 '쯔위국'이라고 부를 정도다. 대중문화 스타의 영향력이 얼마나 대단한지 새삼 일깨우는 사례다. 사람이 오가야 국제사회에서 진정한 소속감은 물론 그 관계성을 인격화해서 체감할 수 있다.

2016년 1월, '쯔위사태'는 대만 민진당 정권의 성립과 차이잉원의 대만 시대를 열게 했다. MBC 인터넷 예능방송의 트와이스 쯔위 소개 대목에서 대만 국기 '청천백일만지홍기'가 살짝 노출되자 중국

정부가 노골적으로 항의한 것이다. JYP를 대신해 쯔위가 공식 사과를 했지만 이 사건이 대만 젊은이들의 감정을 건드려 독립의식을 높임과 동시에 선거에서 차이잉원의 지지세가 폭발하게 만들었다. 쯔위사건은 케이팝이 직면한 최초이자 최대 국제분쟁이었다. 이후 케이팝 기획사들이 외국인 멤버들의 발언이나 존재감이 초래할 민감성을 절감하는 계기가 되었다.

## 장학량과
## 국공합작

　　　　나는 동아시아 근현대사를 두루두루 살피기는 했지만 깊고 전문성 있게 공부하지는 못했다. 다만 필요에 따라 대중적 역사서에서 부분부분 공부한 정도다. 그런데 중국 현대사와 관련해 가장 큰 충격을 받은 인물이 바로 만주의 군벌 장학량 張學良. 장쉐량(1898~2001)이다. 보통 대만의 주요 정체성에 대해 국민당 장개석 라인과 이에 대항해 민주주의와 토착민들의 권리를 주장한 민진당 계열 민주인사들에만 주목하는데, 이 주요 대립에 더해 숨은 정체성을 가진 장학량도 있었다. 사실 장학량 관련 이야기를 제대로 들은 것은 2016년 무렵 JTBC 도올 김용옥의 〈차이나는 클라스〉에서였다.

　장학량 스토리는 간결해서 요약하기가 어렵지 않다. 손문孫文. 쑨원 (1866~1925)이 만들고 장개석이 이어받은 중국국민당은 1930~1940년대 일제와 공산당이라는 이중의 적을 맞닥뜨린다. 미국과 영국 등

국제 정세는 국민당에 지원을 아끼지 않으며 국민당의 승리를 바랐다. 국민당이 공산당을 거의 섬멸하는 수준에 이른 1936년대 역사적인 시안西安 사태가 터진다. 장학량이 시안을 방문한 장개석을 구금하고 일본에 대항하기 위해 국민당과 공산당이 손을 잡아야 한다고 협박한 사건이다. 명백한 반란이었다. 이후 장학량은 장개석에게 끌려다니며 무려 50년 동안 구금생활을 하게 된다.


## 중국 젊은이들의 장학량
## 평가와 대만의 정체성

　　　　　　　장학량은 공산당 대륙지배의 1등공신이라고 할 수 있다. 하지만 대만으로 쫓겨난 국민당 인사들에게 그는 배신자이자 갈아 마셔도 시원찮을 원수였다. 도올 김용옥이 대만과 장개석을 높게 평가한 대목이 바로 그럼에도 죽이지 않고 가택연금으로 그쳤다는 것이었다. 그의 영웅적 희생이 있었기에 중국 대륙에서 일본을 몰아내고 통일국가를 이루었다. 다만 그 주인공이 국민당이 아닌 공산당이었던 것뿐이다.

나는 오늘날 중국인은 그를 어떻게 평가하는지 무척 궁금했다. 과연 중국 인민들이 장학량을 알고 높이 평가할까? 그런데 싱가포르에서 만난 중국의 역사학도들은 생각보다 장학량을 높이 평가하지 않았다. 중국은 지역에 따라 정치 성향이 크게 다르다. 베이징, 상하이, 광저우가 모두 다르다. 그래서 지역에 따라 물어보았는데도 그랬다. 그는 이미 대륙에서는 잊힌 존재였다.

"한국인이 장학량을 알아? 신기하네. 그는 좀 개그 캐릭터 아닌가?"<sup></sup>상하이 출신

"뭐? 장학량이 한국서 높은 평가를 받는다고? 중국 사람들도 잘 모르는 사람인데?"상하이 출신

"뭐? 장학량이 한국서 높은 평가를 받는다고? 중국 사람들도 잘 모르는 사람인데?"베이징 출신

"시안사태가 국공합작에 중요했던 건 맞지만 그렇다고 그가 역사적으로 결정적 역할을 한 것 같지는 않은데."우한 출신

대만의 정체성은 1948년 국부천대국민당 정부 대만 파천 이후 장개석이 주도한 '본토수복'이라는 절체절명의 미션으로 냉전 시기를 통과해온 것이다. 그 와중에 토착민들을 폭력적으로 억압한 결과 대만 내에서는 독립을 염원하는 민진당이라는 세력이 정권을 차지할 정도로 꾸준히 성장했다. 여기서 흥미로운 대목은 국민당의 정체성이다. 이들은 초기에는 장개석의 본토수복에 뜻을 모았다가 시간이 흐를수록 장학량의 '국공합작' 정신으로 이동했다.

그러니까 지금은 장학량의 숨은 아이덴티티가 은근슬쩍 복원된 것이다. 물론 대만의 윗세대는 그 사실을 부인하지만 말이다. 도올 김용옥이 장학량을 높이 평가한 것은 대만 윗세대의 바람을 대륙에 노골적으로 전하고자 한 것일 수도 있다. "본토인들, 장학량을 잊지 말라고. 대만에는 장개석뿐만 아니라 장학량도 있었어. 그랬기에 공산당의 대륙지배가 가능했지." 이런 맥락이었을까? 장학량이 중요한 인물인 것은 맞지만 대륙인들은 그를 완전히 잊어버리고 모택동毛澤東, 마오쩌둥(1893~1976)과 주은래周恩來, 저우언라이(1898~1976)를 대륙 통일의 위인으로 기억하는 것이 현실이다.

장학량은 거의 반세기나 되는 연금생활이 끝난 1990년대에 하와

이로 이주했다가 2001년 사망했다. 중국의 부활을 어느 정도 확인한 뒤였다. 장학량의 국공합작은 중국 대륙이 점점 헤게모니를 강화할 경우 대만에서는 꾸준히 힘을 받을 수 있다. 장개석은 지하에서 그를 죽이지 않은 것을 후회할까? 아니면 살아남은 자가 강한 것일까?

# 보통 사람들의
# 꿈과 좌절에 관하여

$\times$

## 민주주의를 떠받치는
## 중산층

저녁 6시부터 8시까지 황금시간대가 되면 미얀마의 메인 채널에서는 한국 드라마가 방영된다. 거리를 지나다니면 창가로 비치는 서민주택이나 상가의 텔레비전 셋톱박스를 통해 이 같은 광경을 자주 마주하는데, 반가운 마음이 앞서면서도 '도대체 무슨 드라마지?' 하고 한참 들여다보아도 제목을 알 수 없는 경우가 많았다.

십중팔구는 MBC와 KBS가 2005년부터 2015년 사이에 방영했던 일일 연속극이다. 아마 오래되었기에 값싸게 수입할 수 있었을 듯한데, 예를 들어 탤런트 주현이 가장으로 나오고 우리 눈에 익숙한 배우들이 다수 등장해 거실에서 밥상머리 대화를 나누는 장면 말이다. 마당에는 수도가 있고 기역, 디귿 모양 한옥에서 옹기종기 대가족을 이루어 사는 모습을 묘사한 일일 드라마다. 꽤 오래전 방영된 드라마 수백 편 가운데 하나라 잠시 스쳐보아서는 제목을 파악하기 어렵다.

아시아에서 영향력을 행사하는 한류 드라마는 대개 이 같은 평범한 소재를 다룬 작품이다. 한국에서 별 언급이 안 된 지명도 없는 드라마들이 일상적으로 소비된다. 대개 중산층 가정의 관혼상제를 배경으로 하며, 그 과정에서 각종 희비극적 사건이 끼어든다. 그리고 가족과 지인들을 중심으로 힘을 합해 위기를 극복하고 원만하고 화목한 일상으로 복귀한다. 전래동화와 흡사한 스타일을 좋아하는 시청자가 많다. "그렇게 철수와 영희는 오래오래 행복하게 잘 살았습니다."

하지만 케이 드라마 언급을 삼가는 이유가 있다. 지난 4년간 서울에서 너무 멀리 떨어져 산 것이 이유지만 주위에 드라마 고수들이 너무 많기 때문이기도 하다. 국내에만 드라마 마니아가 대략 1,000만 명은 있을 것이다. 허투루 애먼 소리를 했다가 실수하기 딱 좋은 분야다. 게다가 드라마는 희곡과 소설, 영화의 연장선에 있다. 영화와 문학 장르 소비자도 천만 명이 넘는 상황에서 독창적인 한류 드라마론은 참으로 무모한 일이다.

지인들과 가벼운 술자리 방담을 하면서 "어째서 한국은 드라마를 잘 만들까?"라는 주제로 흥미로운 대화를 나누었다. 그중 한 사람이 "한국이 선진적 민주주의 국가 가운데 하나이니까"라고 답했다. 자체 콘텐츠를 만들어 전 세계로 내밀 수 있는 나라가 미국·영국과 유럽 몇 개국을 빼면 한국과 일본 정도라는 이야기다.

민주주의 성숙과 관련한 이야기는 자연스레 '중산층 선망'과 직결

된다. 베트남 시장 분석으로 유명한 분도 '한류 확산의 배경은 전 세계로 번진 중산층 욕망과 직결'되어 있다고 분석했다. 21세기 한국의 중산층은 전 세계에서 보아도 두껍고 견고하다. 결정적으로 한국은 중산층이 정권의 주도권을 잡고 있다. 아시아에서는 독보적 사례이고 세계적으로도 많지 않다. 중산층이 탄탄해야 민주주의가 뿌리내릴 수 있다. 이런 튼튼하고 안정된 제도 위에서 생산되는 소비문화와 대중문화 그리고 사회의 윤리 수준은 다른 나라에 비교우위가 있을 수밖에 없다. 한류는 경제적·사회적으로 한국의 중산층 문화가 세계적 수준이 되었다는 방증이기도 하다.

## 평민과 소시민의
## 삶을 다루는 드라마

중국 쪽에서 한류 드라마를 특징지을 때 '평민화平民化'라는 표현을 쓴다고 한다. 한국 드라마는 영웅 이야기를 다루지 않아서 매력적이라는 이야기다. 무협, 독립운동 등 역사물의 주제는 영웅 이야기가 될 수밖에 없다. 1990년대 중국에 처음 영향을 준 드라마가 〈목욕탕집 남자들〉(1995)이라는 사실을 떠올려보면 대략 알 수 있다.

중국어로 평민은 한국어로는 소시민이라는 번역이 적당해 보인다. 한국 드라마의 배경이나 캐릭터는 상당 부분 이들 중산층의 삶을 그렸다. 설령 귀족과 소외계층이 나오더라도 중간층을 중심으로 뚜렷하게 계층의 통합을 이야기하려고 한다. 다른 나라 텔레비전 드라마와 뚜렷이 차별화되는 지점이다. 자연스레 이야기하는 윤리나 세계관이 도덕적·보편적일 수 있는 근거가 된다. 게다가 중산층의 삶이 워낙 다양하니 얘깃거리도 풍성할 수밖에 없다.

조금만 시선을 뒤로 돌리면 2000년대 초반 한국 드라마는 '재벌 자식' '젊은 실장님' '꽃보다 남자'류의 귀족 이야기가 주류였다. 그런데 2010년 이후 한국 드라마는 꾸준히 그러한 편향성, 스테레오타입을 극복하고 일상성과 계층 통합성에 노력한 흔적이 보인다. tvN 드라마가 대표적인데, 일련의 히트작 〈응답하라 시리즈〉 〈시그널〉 〈나의 아저씨〉 〈또 오해영〉 〈미생〉 〈사이코지만 괜찮아〉 등이 대표작일 듯싶다.

최근 어쩔 수 없이 한류 드라마를 한 편 보아야 했기에 〈나의 아저씨〉를 숙제하듯 보았는데 정말 큰 감동을 받았다. 보기 전까지는 상상하기 힘든 수준의 깊이와 울림이 있었다. 좋은 내용일 거라고 생각은 했지만 이 정도로 묵직할 거라고는 예상하지 못했다조금 과장해서 도스토옙스키의 《카라마조프가의 형제들》이나 펄벅의 《대지》가 부럽지 않았다. 나는 주인공 박동훈 팀장처럼 살아갈 수 있겠는가 생각하니 더 난감했다. 드라마보다 더 감동적인 것은 시청자들의 댓글, 감상평이었다. 유튜브에서 만난 짤막한 평론이 시선을 빼앗았다.

> 이 드라마는 내가 조금 더 나은 인간이 될 수 있을 것이란 느낌을 주었다 This drama made me feel like to be a better person.
>
> —아미르 칸Amir Khan

이는 우리가 10대 후반이나 20대 중반 정도로 감수성이 매우 예민하고 삶에 대한 진지한 긴장감이 있던 시절에 위대한 소설이나 영상작품을 보고 느낄 수 있는 무척 진귀한 경험이나 각성에 해당한다. 그런데 우리는 심지어 세파에 찌들고 어른들의 더러운 사정을 대강 겪어본 40대 중후반 이후에도 한류 드라마에서 이 같은 소중한 경험을 할 수 있게 된 것이다. 드라마의 힘이자 예술의 궁극의 경지라고 할 수 있다.

그것이 어떻게 가능했는지 곰곰이 따져보니, 세상에는 쓰레기 같은 악인과 부조리도 많지만 한국 사회에는 극중 신구 회장님 같은 분도 있고, 박 팀장 삼 형제도 귀하기는 하지만 실재하며, 후계동 역시 한국 어딘가에 있기 때문이 아닐까 싶다.

우리 주위에 어느 정도 실재하고 그 실재성의 강도가 다른 나라보다 더 강하기에 작가와 PD 그리고 연기자들이 그것을 잡아내 표정과 목소리를 덧입혀 드라마로 만들어졌고, 다시 그 드라마가 넷플릭스를 통해 전 세계 시청자들에게 전달된 것이다. 더 나아가 우리 사회 구성원이 바라는 것은 더 훌륭한 삶에 대한 기대, 더 높은 인간성 추구가 된 것이다. 그리고 우리는 드라마가 끝난 뒤 그게 가능하다는 확신을 얻게 된다. 일상성의 반영에 그치는 것이 아니라 인간성의 숭고함에 대한 자각에 이르는 것이다. 드라마가 학교와 종교 역할까지 동시에 수행하는 것이리라.

## 계층은 현실에 존재함에도
## 연대하려는 꿈

한류는 어쩌면 전 세계 '중산층 이데올로기'의 선봉장이 될 수도 있다. 과거 중산층 이데올로기는 일명 '프티 부르주아 의식'이라고 해서 지식인과 혁명가들에게 경멸의 대상이 되곤 했다. 그런데 양극화가 심해지는 시대가 되니 두꺼운 중산층 건설과 계층통합은 인류의 새로운 숙제가 되어가는 모습이다.

동남아 사회는 양극화 경제의 끝판왕에 가깝다. 중진국의 함정에 빠진 태국 사회를 보라. 결국 중산층이 부재하는 사회는 한 걸음도 더 앞으로 나아갈 수 없다. 물론 적당한 쇼맨십도 많다. 수천억대 자산가들이 서민들이 주로 먹고 마시는 노점상싱가포르는 호커센터에 가서 1달러짜리 차와 3달러짜리 치킨라이스를 즐기는 풍경 말이다.

그런다고 해도 현실은 달라지지 않는다. 동남아 사회의 계층은 섞임과 통합이 정말 어렵다. 영화 〈크레이지 리치 아시안〉에 묘사된 화려한 꿈같은 사회다. 부자는 선하고 아름다운 존재이기에 부자를 절대적으로 선망한다. 이는 유럽이나 미국 역시 점차 강화되는 추세다. 한국도 양극화의 경향성은 강고해진다.

그럼에도 한국 사회는 여전히 꿈을 포기하지 않았다. 계층통합은 계급 극복의 꿈과도 통한다. 철저하게 인간의 길에 대한 열망이다. 한국 드라마가 그러한 노력과 이상을 잘 담는다고 생각한다. 〈나의 아저씨〉를 보고 그 대목을 실감했다. 이 드라마는 사실상 계층통합의 꿈을 포기하지 않는 중산층 시민의 좌절과 꿈을 그린 드라마이구나 하는 것이다. 당연히 그러한 사회를 지향하는 한국인의 정신이 강력한 경제와 민주주의의 성숙으로 반영되는 것이리라. 그러기에 세계적 수준의 작품이 나오고, 이를 본 아시아인과 세계인이 그 꿈에 대해 동감과 존경을 표시하는 것일 테다.

# 아시아적 가치와
# 보수주의 걸그룹 소녀시대

## 보수주의
## 소녀시대에 충격받다

　　　　　미셸 푸코Michel Foucault(1926~1984)의 명저《감시와 처벌》을 읽었을 때 단어 하나가 머릿속에서 떠나지 않았다. 바로 'discipline규율, 훈육'이라는 단어다. 서구 사회가 지난 1,000년간 이 규율과 훈육에 얼마나 질렸는지를 증명하는 사례라는 생각도 든다. 특히 최근 코로나19로 고통받는 서구문명을 보며 개인의 자유란 바로 이 '디시플린'에 저항하려는 몸짓이 아닐까 하는 생각을 자주 한다.

영국과 미국을 가본 사람은 알겠지만, 공항에서 입국 절차가 엄청나게 까다롭다. 하지만 일단 공항 문을 통과하면 이후 별다른 제약이 없다. 신분증을 반드시 지참할 필요도 없으며 눈에 띄게 이상한 짓만 하지 않으면 아무도 뭐라고 하지 않는다. 반면 아시아는 다르다. 어디를 가나 거주 등록을 해야 하고 가끔 불심검문도 있다.

교통기관이나 관공서에 들어가려면 몸수색은 물론 신분증 없이는 기차표를 사지 못하는 일도 비일비재하다.

한국 역시 중앙통제와 감시에 익숙한 사회인데 '초등학교' 시절 대운동장 전체조회 때부터 그런 훈련을 받은 것도 영향을 미쳤을 것이다. 간첩은 신고해야 하며 집을 내 명의로 등기하지 않으면 빼앗길 것 같은 불안감에 휩싸인다. 면허증을 취득하기는 또 얼마나 까다로운지…. 아세안은 물론 일본이나 중국도 마찬가지다. 1950년대 이후 아시아는 이 '디시플린'에 중독된 것이다.

많은 케이팝 그룹 가운데 하나만 꼽으라면 주저 없이 SM엔터의 소녀시대를 떠올린다. 등장부터 충격적이었고, 이후 케이팝의 형식틀을 만들었기 때문이다. 소녀시대는 가장 빠르게 여러 국경을 관통해 아시아 전역의 젊은이에게 케이팝의 존재를 알렸다. 국가 통제 시스템인 국경border은 언제나 남성보다는 여성이 먼저 넘었다. 우리가 홍콩 문화를 접할 때도 왕조현과 장만옥을 먼저 만난 것과 일맥상통한다. 결정적으로 소녀시대는 내가 케이팝의 세계에 들어가는 계기를 마련해준 아이돌이다.

하지만 2007년 데뷔한 소녀시대를 '은근히 근엄하게' 바라본 첫인상은 '아니, 뭐 저런 미친 프로젝트가 다 있지?'에 가까웠다. 상식을 지나치게 파괴한 것이다. 먼저 멤버가 9명이나 되는 걸그룹을 받아들이기 어려웠다. 젊은 여성, 그것도 대부분 10대 후반인 아이들 9명이 나와서 춤추고 노래한다는 것은 돈독이 오른 기획사의 상술이자 지나친 욕심이라고 본 것이다.

당시 SM엔터를 그다지 좋게 보지 않은 측면도 있었다. 다시 말해, SM의 근본 문제는 지나친 보수성에 있었다. 음악에도 진보성이라는 가치가 있다. 말로 표현하기는 쉽지 않지만, 우리의 인식과 사상을 넓히는 음악이 분명히 있다. 여기에는 가사와 리듬은 물론 그룹이 지향하는 분위기까지 모두 포함된다. 우리가 비틀스나 퀸, 지미 헨드릭스, 데이비드 보위, 너바나 등에 열광한 이유가 분명히 있었다.

그런데 소녀시대는 모든 것이 퇴행적인 보수주의로 느껴졌다. 기획사에서 만들어준 노래를 헤어스타일, 의상 모두 상업적 콘셉트에 맞춘 소녀 9명이 혹독한 훈련을 거쳐 만들어낸 '칼군무'를 선보이는 모습을 어찌 '진보적'이라고 평가할 수 있을까? 심지어 9명이 나누어서 노래를 부르는데도 때로는 MR Music Recorded, instrumental이나 립싱크라는 편법을 쓰기도 했다. 그러니 케이팝 아이돌이라는 것은 신성한 음악에 대한 모독이자 돈벌이에 환장한 장사꾼들의 놀음이 아니겠는가?

## 소녀시대, 혁명을 일으키다

소녀시대에 대한 편견은 시간이 지나면 지날수록 점차 엷어졌다. 무대에 등장한 9명 소녀의 표정이 너무나 신나 보이고 상당히 편해 보인 것이다. 멤버 대부분이 1990년대 초반에 태어났는데 이들이 꾸리는 무대까지 완벽했으니 꽤 놀라운 반전이었다. 이 소녀들이 기획사의 인형에 지나지 않을 것이라고 사람들은 예상했지만, 이들은 언제나 한껏 싱그러운 생명력으로 보는 이들을 행복하게 만들었다. 자연스레 부르는 노래에도 활기와 푸르름이 넘쳤다.

창의적인 무대 구성과 절도 있는 안무choreography 역시 사람들의 예상을 훌쩍 뛰어넘었다. 이른바 '칼군무'가 탄생한 시점이 바로 소녀시대가 데뷔할 무렵이다. 군대 같은 곳에서 집단으로 태권도 품새, 도수체조, 총검술을 배운 사람은 칼군무가 얼마나 어려운지 잘 안다. 30여 개가 넘는 동작의 순서를 익히기가 얼마나 어려웠던가? 100번을 반복해도 틀릴 수밖에 없는 것이 무대 안무 아니던가. 그런데 이 소녀들은 7년간 무려 100여 곡을 9명이 함께 움직이는 복잡한 무대 구성 속에서 거의 완벽하게 재연했으니 대단하다고 하지 않을 수 없다.

2011년인가 올림픽체조공원에서 열린 소녀시대 콘서트를 처음 보러 갔다. 마침 스탠딩 공연이었다. 30대 아저씨가 혼자서 그것도 처음 가보는 아이돌 공연이었기에 약간 걱정했지만, 현장에서 본 무대는 아이돌에 대한 모든 편견을 씻어내기에 충분했다. 그 뒤 3일 동안 소녀시대 무대와 쇼의 화려함이 머릿속에서 사라지지 않았다. 너무도 아름답고 매혹적인 충격이었다. 곧바로 클리앙 소녀시대 소모임에 가입했다.

## 아시아에 불어온 소녀시대
## 열풍과 아시아의 보수성

소녀시대의 진가는 한국의 젊은이들이 가장 먼저 알아보았을 것이다. 하지만 소녀시대의 인기는 놀라울 정도로 빠르게 다른 나라로 퍼졌다. 지리적으로 가까운 중국과 일본, 대만은 물론 태국, 인도네시아, 말레이시아 등으로 빠르게 전파되었다. 10대가 먼저 반응하고 20대, 30대로 확산된 것이다. 당시 내 취미는 아시아 여러 나라 대도시에서 있었던 소녀시대 콘서트의 '직캠'을 유튜브로 보는 것이었다. 특히 무대를 시작할 때 화려한 꽃이 아직 피지 않은 상태로 세팅되어 있다가 꽃잎이 열리면서 무대 장인 9명이 하나하나 스포트라이트를 받으며 나오는 장면은 그야말로 압권이었다. 모든 청중이 순식간에 무대로 빨려 들어가는 모습이 보일 정도였다.

2010년부터 2014년까지 소녀시대의 아시아 순회공연은 케이팝의 지평을 넓히고 사상을 강화하는 위대한 여정이 되었다. 나는 이들의 성공을 보면서 궁금증이 생겼다. 한국에서 보수주의적·봉건주의적이라고 평가되는 SM엔터의 기획물인 아이돌 그룹이 어떻게 아시아 음악시장에서 케이팝이라는 이름으로 '진보성'을 띠게 되었을까? 모든 게 하나하나 기획되었을 뿐 그다지 극적인 노래와 가사도 없는데 어떻게 존재감을 끌어올려 케이팝이라는 위대한 서사시의 첫발자국을 찍게 되었을까?

아시아 정치의 고질병과 병폐에 대한 논의가 무척이나 활발하다. 이는 한국에서도 마찬가지다. 특히 한국 보수주의에는 뚜렷한 지향점이 없다는 점이 빈번하게 문제로 지적된다. 철학이나 비전 없이 기득권 지키기 연합에 가깝다는 비판이 나온다. 이 부분은 거의 모든 아시아 국가의 보수세력에게도 똑같이 적용될 수 있다. 사실 대부분의 아시아 국가가 중진국과 중·후진국의 쳇바퀴에서 빠져나오지 못하는 이유는 바로 기득권, 보수세력이 혁신을 할 의지가 없기 때문이다.

나는 이 대목에서 SM엔터와 소녀시대가 매우 중대한 시사점을 준다고 생각한다. 사실 SM이 초기에 거대 자본으로 시작한 것도 아니고, 방송가에서 권력자도 아니었으며, 음악적으로 군단을 보유한 거대집단은 더더욱 아니었다. 다만 SM이 철저하게 보수주의적인 음악 사업을 해온 것은 분명하다. 적어도 SM의 아이돌들이 열악한 환경에서, 그 틈바구니에서 안정적인 돈벌이에만 집착한 것이 아니라, 10대라는 지향점을 갖고 또래 문화의 생명력과 열정을 음악산업 시스템 안으로 끌어들이려고 꾸준히 노력했다는 것이다.

그 과정에서 규율과 훈련은 얼마나 혹독하고 힘들었을까? 소녀시대로 대표되는 SM의 아이돌 철학은 분명 보수주의적 이데올로기에서 작동했지만, 그 중심 권력이 10~20대 가수들의 권리를 완전히 빼앗지는 않았기에 가능한 일이었을 것이다. 그런 타협이 결국 매끄러운 무대구성과 가수들의 세련된 무대매너로 승화된 것이리라. 사상적 진보는 없을지라도 SM은 분명 아시아 젊은이들이 열광할 만한 뚜렷한 아이돌 가수의 가치를 열악한 환경에서 만들어냈다. 프로듀서이자 감시자라고 할 이수만의 '아시아적 가치' 발견이라고 해야 할지도 모르겠다.

## 보수주의의
## 혁신을 권하며

다른 한편으로 SM이 진정으로 기여한 것은 팬덤에 대한 수준 높은 관심일 수도 있다. 음악으로는 보수주의를 지향했지만 어떤 경우에도 팬덤을 인식하고 팬들과 소통의 끈을 놓지 않은 것이 결국 케이팝 시장 확대와 품질 향상으로 이어진 것이다. 이것이 한국 기업문화의 승리인지 한국 보수주의의 숨은 매력인지는 가늠하기 어렵다. 다만, 아시아에서 바라본 케이팝의 매력이 압도적 품질, 충분한 콘텐츠, 가수 개개인의 매력과 실력이라는 점을 고려하면, 이 같은 흐름을 주도한 SM은 아시아 음악산업의 역사를 다시 썼다고 평가받아야 한다.

나아가 한국 보수주의 정치인과 아시아 정계 역시 SM과 소녀시대의 역사에서 착안점을 얻어야 한다. 우리가 꽤 논쟁을 벌여온 '아시아적 가치Asian value'에 대해서 말이다. 사실 이는 아시아 보수주의자들의 거의 유일한 버팀목이자 방패막이였다. 특수성을 인정해달라는 태도였고, 결국 언제나 기득권의 현상유지로 뜻이 모였기 때문이다. 태국의 왕정이 그렇고, 미얀마의 군부체제가 그렇고, 한국의 사법부 역시 마찬가지다.

그런데 소녀시대가 단순히 감시자의 명령과 훈육 또는 보상과 처벌의 결과물은 아니지 않은가? 끊임없이 노래를 혁신했고, 팀 화합을 위해 노력했으며, 팬들을 존중하며 지속적으로 청소년의 높아진 눈높이에 맞추려고 진화했다. 그렇지 않고야 어찌 그렇게 완벽하고 행복한 무대 매너가 10년 가까이 나올 수 있었겠는가?

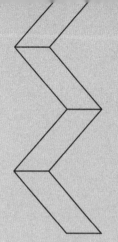

# 5장

# 자주인가,
# 세계화인가

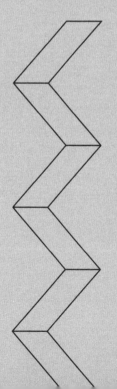

# 한국 극우와
# 일제의 적대적 공생

✕

## 한국의 반일, 중국의 한한령,
## 미얀마의 반영론反英論

　　　　　　　　　　나는 1980년대에 어린 시절을 보냈는데, 신기할 정도로 '국민학교' 추억은 잘 잊히지 않는다. 시간이 흐를수록 더 또렷해지는데, 교육과정 하나하나까지 기억날 정도다. 당시 한국 사상교육의 핵심은 '반공反共'과 '어른 공경'이었고, 특히 외산품 안 쓰기, 근검절약에도 신경을 많이 썼다. 과학자 우대 분위기도 있었고 선생님들은 역사시간에 '일제시대'에 대한 기억을 되살려주고 극일克日에 대한 비전을 심어주기도 했다. 하지만 일본에 대해 언급을 삼갔다는 게 정확한 표현일지 모르겠다. 어쩌면 반공 문제가 압도적으로 더 컸기에 다른 이념은 잘 드러나지 않았으리라.

　특히 1980년대 초반 공산당에 대한 적대적 교육은 강도가 셌다. 방학 때면 권장도서의 3분의 1 정도가 반공도서였고, 해마다 반공 포스터 그리기 대회와 웅변대회가 열렸으니 참으로 불행한 냉전의 터널을 지나왔음을 새삼 느낀다. 그런 꾸준한 이념공세 덕분인지 아니면 베를린 장벽의 붕괴 때문인지 1990년대에 대학에 가서는 '주체사상'이라는 것에 전혀 끌리지 않았고 관심도 없었다. 친구들과 만나면 아직도 주체사상 운운하는 이념 동아리가 있다는 사실에 우려와 걱정을 하기는 했다. 반공교육이 줄어들면서 반일교육이 강화된 경향이 없지 않았다. 물론 한국의 반일이 일본의 혐한嫌韓 수준과 비견되는 것은 아니지만 말이다.

싱가포르에서는 한국의 '반일정신'이 꽤 유명했는데, 일본의 글로벌 미디어 탓도 크다. 일본의 미디어들은 지금도 혐한 분위기를 풍긴다. 그래서 한국이 일본의 상당한 경쟁자이자 심지어 '스토커'라는 이미지가 실제로 있었다. 그런 분위기를 감지한 이후 반일적 태도를 드러낼 수 없었다. 아세안 사람들의 눈치를 보았다기보다는 한국이 '반일 국가' 정도로 정형화되는 것이 달갑지 않았다. 국제사회에서 '반북'과 '반일'이라는 키워드로 각인되는 것은 한국의 미래에 도움이 안 된다고 믿기 때문이다.

그런데 1997년 외환 위기 이후 한국 사회에 반일감정이 급부상하더니 2000년 남북정상회담 이후에는 중심 담론으로 우뚝 섰다. 내가 이 대목을 강렬하게 느낀 건 2014년 일본 후쿠오카 여행을 준비하면서였다. 당시 딸이 서울 서쪽의 한 교회 유치원에 다녔는데, 이 일곱 살짜리가 일본 여행을 가기 싫다고 분명하게 말했기 때문이다. 유치원 선생님이 일본 사람은 나쁘다고 말했다는 것이다. 그래서 후쿠오카 에어비앤비 숙소 주인에게 우리 딸을 한번 만나달라고 부탁했다. 일본 사람도 평범한 아저씨, 아줌마라는 것을 알려주고 싶었다.

나라 밖에서 아세안 사람들을 대상으로 한국의 1997년 일본 대중문화 개방을 설명한 적이 있다. 일본으로부터 독립한 한국이 1965년 일본과 다시 수교했지만 우리에게는 정신적 독립, 탈식민지, 자주권도 중요했다. 그래서 1997년까지 한국의 방송이나 미디어에서는 일본말이나 일본 노래가 나오면 안 되었다고 들려주었다. 그러면 내내 일본 문화의 홍수 속에서 자란 아세안 사람들은 경탄했다. 지리적으로 가까운 나라를 물리적으로 완벽하게 차단하는 일이 가능했느냐고 말이다.

그런데 세계적 관점에서 살펴보면 특정 국가와 문화를 단절하거나 금지하고 장벽을 높이 세우는 것이 그렇게 신기한 일은 아니다. 특히 식민지를 겪은 나라에서는 꼭 필요한 일이기도 하다. 1970년대 후반 캄보디아의 킬링필드가 대표적 사례다. 민간인 200만 명이 죽은 이 같은 참사의 배경에는 프랑스어와 영어를 쓰는 지식인을 사회에서 추방하자는 본심도 깔려 있었다. 캄보디아의 정체성을 다시 세워야 하니 제국주의를 축출해야 했던 것이다. 미얀마 역시 영국제국의 잔재를 몰아내야 했으니 1960년 군부독재가 세워진 이후 언론을 국유화해서 영어로 글을 쓰는 지식인부터 몰아냈다.

한국의 군사정부는 사상적으로는 만주국의 정신을 이어받아 일본과 가깝다고 해도 젊은 지식인을 포함한 대중의 반일감정까지 완전히 외면할 수 없었을 것이다. 1964년 한일회담 반대 시위는 상당히 격렬했다 이것이 이명박의 출세 배경이 되기도 했다. 결국 정치경제는 일본과 협력하되 문화적으로는 단절을 꾀하는 정책을 펼쳤다. 군사정부의

'탈제국주의, 탈식민지' 노력은 높이 평가할 만했던 것이다. 그런데 2012년 이명박의 근본 없는 행보를 보고는 생각을 고쳐먹었다. 반드시 좋은 뜻으로 추진한 일이 아니라는 생각이 퍼뜩 든 것이다.

## MB의 극우적 선택과
## 한류의 지역통합

2012년 12월에 대선이 있었지만, 대통령 이명박ᴍʙ의 지지율은 최악에 최악을 거듭했다. 거의 모든 국민이 MB의 실정을 체감하고 실망감에 휩싸여 있었다. 자연스레 정권교체 가능성 역시 부쩍부쩍 자라났다. 여기서 그는 아주 의외의 한 수를 둔다. 퇴임을 4개월 앞둔 8월, 갑작스럽게 독도를 방문한 것이다. MB는 거기서 그치지 않고 한 발 더 나아가 '일왕이 사과하라'고 적극적인 반일에 나섰다. 아닌 밤중에 홍두깨 같은 행보이자 전혀 맥락 없는 행동이었다. 그는 집권 초기인 2008년 일본의 독도 내용 교과서 포함에 대해 '지금은 곤란하다. 조금만 기다려달라'고 할 정도로 한일 역사문제에 별다른 관심이 없는 정치인으로 유명했기 때문이다.

하지만 다 계산하고 한 행동이었다. 대선이 코앞에 있는데 불리한 대선정국에서 표를 계산해보고는 자신들이 가장 잘할 수 있는 일을 선택한 것이다. 1997년 이회창이 북풍北風사건을 기획했다면 2012년 MB는 노골적으로 일본을 겨냥했다. 당시 국내 언론들의 사설과 기사도 찬양 일변도였다. 현직 대통령이 우리 땅 독도에 방문했다는 데 초점을 맞춘 1차원적 접근이었다. 모든 언론이 1면에서 칭찬하고 나선 것이다.

일본의 반응이야 말 안 해도 뻔했다. 당장 모든 한류가수의 공연과 드라마 방영을 중지했고, 민간교류 역시 철퇴를 맞았다. 2011년 동일본 지진 당시 한국인이 민간 성금으로 수백억 원을 내고 카라, 소녀시대, 동방신기, 빅뱅 등 한국 가수가 일본 사회에 커다란 파급력을 이끄는 와중에 벌어진 사건이었다. 아베가 속으로 얼마나 기뻐했을지 그려진다. 이후 아베의 정책은 '반한 내지 혐한정책'으로 압축될 정도로 극우로 치달았다. MB는 성공적으로 정권을 연장하고 기무사에서 평화롭게 테니스나 즐기는 행복한 은퇴 생활을 이어갔다.

전 세계 모든 나라는 일정 정도는 국경지역에서 영토 분쟁을 겪는다. 영토를 한 뼘이라도 빼앗기고 싶은 민족과 나라는 어디에도 없다. 다만 모든 국가는 흥망성쇠를 겪기 마련이기에 '독도'와 같은 지역이 생기는 것이다. 한국이라는 국가 체제가 명실상부 제 기능을 하면 그 영향력은 독도는 말할 것도 없고 북한을 넘어 만주와 간도까지 미칠 것이다. 독도는 당연히 한국 땅이지만 대통령이 직접 방문한다고 진정한 우리 땅이 되는 게 아니다. MB의 독도행은 어떻게 봐도 진정성이 없고 실익도 없었다.

극우세력은 정권을 유지하기 위해서라면 이웃 국가와 분쟁도 마다하지 않았다. 민중이 힘겹게 축적한 반제국주의, 탈냉전의 인식과 염원을 '반공주의' '반일감정'으로 묘하게 덧칠해 그 과실만 정권이 얻는 것이다. 그 결과가 2012년 이후 한국과 일본의 불필요한 마찰과 민간교류의 파탄이다.

국경을 강화하는 자들이 바로 '극우'에 가까운 세력이다. 시진핑의 '한한령' 역시 시대착오적인 극우적 행보이며, MB의 독도 방문도 그러한 행보의 하나였다. 이를 찰떡같이 받아들여 한국 상품 제재에 나선 아베 또한 역사의 시계를 뒤로 돌린 나쁜 정치인이었다. 이런 세력들이 그동안 동북아에서 적대적 공존을 유지해왔다.

우리는 그동안 구한말 친일파를 선진문명을 열망또는 제국의 이익하는 집단으로 생각했지만, 그건 20세기 초반에 있었던 일이다. 21세기의 친일파는 맥락이 크게 달라서 본인세력의 이익을 위해 반일 감정을 악용한다. MB의 독도 방문이 그것의 확실한 사례다. 지역교류와 통합을 막아 신냉전의 이득을 취하려는 세력이 바로 열린 사회의 적이자 미래 아시아 시대의 진정한 적, '민족주의 흉내를 내는 고립주의자'라고 할 것이다. MB가 손을 잡은 뉴라이트 세력 같은 이들이다.

# 내셔널리즘과 제국주의의
# 유기적 관계, 유승준과 BTS

✕

## 엘리트,
## 군대, 음악인

나는 학문 분야 초보자인데, 경험할수록 존경하는 이들이 마구 늘어났다. 특히 정치학자들이 그렇다. 정치학 책을 읽다 보면 어마어마한 수준의 개념과 이론이 빼곡히 나열되는데, 그 분량과 역사가 너무 방대해서 압도되게 된다. 경제학은 복잡하기는 해도 확고한 뼈대가 있어 재야이론을 감식하기 쉬운 반면 정치학은 그야말로 백가쟁명에 사례로 언급되는 국가만 100여 개가 넘는다. 또한 모두 제각각 사정이 있다 보니 개념과 이론의 '아마존 정글'이 되어 초보자는 길을 잃기 쉽고, 관련 글쓰기도 참으로 어렵다.

정치학은 사회과학의 왕이자 천재들이 하는 학문임이 틀림없다. 그 정치학 내용 가운데 20세기를 가장 뜨겁게 달군 주제가 바로 '국가주의nationalism'와 '제국주의imperialism'의 관계다. 키워드 순위로 따지면 랭킹 2등과 4등 정도는 차지할 것이다1등은 'state'. 아시아 역사를 다룰 때도 피해갈 수 없는 주제인데, 최근 불거진 BTS의 병역 논란을 보고 이와 관련한 좋은 아이디어가 떠올랐다.

국민 대법관 이회창이 대선에 나온 1997년 이후 정치인과 엘리트 자제의 병역이 주요 쟁점이 되었다. 조선의 지정학적 입지는 평민들의 병역이행을 나라 존망이 달린 민감한 문제가 되게 했다. 조선 시대 말기에도 병역비리가 횡행했을 정도이니, 귀족이라면 2년 넘는 군생활을 하는 것은 무척 성가신 일이다. 가끔 유럽의 노블레스 오블리주귀족의 의무를 언급하기도 하는데, 그건 승리가 확실한 제국의 군대니까 가능한 이야기일 뿐 한국의 병영생활은 누구나 꺼린다. 하지만 민주국가에서는 국민개병제로 갈 수밖에 없다.

나는 사단사령부에서 근무했는데, 본부대라고 하는 작은 부대는 장교들 운전병에서 조리병, 위병소, 당번병 등 온갖 잡역을 모아둔 지원부대 성격이었다. 흥미롭게도 내 옆 중대에는 음악을 담당하는 군악대, 일명 밴드부가 있었다. 행사장에서 사령관이 입장할 때, 각종 부대행사에 빠질 수 없는 멋짐 자원이다.

군악대는 군기가 엄청나게 세고 연습량도 장난 아니지만 모두 그나마 여기라도 온 것이 다행이라고 생각했다. 이 군악대원은 90퍼센트가 음악인이었다. 국방부 연예병사로는 못 가도 최소 사단급 밴드부에라도 남지 못하면 2년 넘게 악기와 음악을 손에서 놓아야 하니 본업이 아닌 브라스부 전용 관악기를 따로 연습한 뒤 입대해서는 불확실한 음악 인생을 이어갔다.

연주하다가 현역 육군으로 간 음악계 선배들, 2년 뒤 악기를 다시 잡을 수 있었을까요? 대부분 경쟁에 밀려 포기하고 전업하고 전과했어요. 그래서 이 길이 제겐 최선이에요.

대중예술에 투신한 스물두 살 청년의 고초와 눈물겨운 투쟁이 대단했다. 절박한 사정이 없는 청춘이 어디 있겠는가? 이런 배경에서 이회창의 낙선은 99퍼센트 아들 병역 문제 때문이었다.

## 배신에 대한 응징과
## BTS에 대한 너그러움

이런 사회적 배경과 젊은 층 군역에 대한 누적된 불만이 대중적으로 폭발한 사건이 2001년 '유승준 파동'이다. 한국 남성이라면 누구나 억울해하는 그 지점을 스티브 유가 정확하게 밟아 터뜨린 것이다. "돈과 인기는 한국서 거둬들이고 미국 시민권을 얻어 병역을 피해? 좋아, 그럼 미국에서 평생 살아!" 그를 향한 분노는 20년이 지난 지금도 계속되고 있는데 그 누구도 쉽게 용서할 기미가 없다. 아마 모병제로 바뀌기 전까지 이 분노는 계속될 것이다.

유승준 파동은 정확히 케이팝의 '내셔널리즘'을 설명하는 사건이다. 1997년 IMF 이후 한국 사회가 급속히 미국화를 시도하면서 많은 교포 연예인이 등장했다. 이 시점은 이른바 한국 사회가 '영어열풍' '영어콤플렉스'에 빠진 때이기도 한데, 이런 열풍을 주도한 '검은 머리 외국인'에 대한 혐오 감정도 싹텄다. 또 영어와 금융 지식으로 무장한 검은 머리 외국인이 한국 자본시장을 사실상 약탈한 때이기도 하다.

이에 한국의 대중은 일종의 희생양을 찾았고, 당대 최고 인기가수인 유승준에게 한국에 충실한 모습을 요구한 것이다. 하지만 그에게는 한국인으로서 정체성이나 애국심이 엷었고, 이에 남성 대중은 처절한 복수극에 나선 것이다. 그가 여성이었다면 뚜렷한 복수 수단이 없었을지도 모른다. 그에게 가해진 형벌은 스포츠 이외에는 소박하기로 유명한 한국 내셔널리즘이 사상 처음으로 대중 언어로 폭발한 사건이기에 지금도 회자가 된다. IMF라는 특수 상황을 고려하면 더더욱 그렇다.

그렇지만 BTS 병역 논란은 이와 정반대 양상으로 흘러가고 있다. 유승준 파동을 겪은 세대는 군대에 가는 게 좋다고 보는데, 젊은 층 사이에는 오히려 "군대를 왜 가? 그 시간에 국위 선양이나 더 하지"라는 반응이 주류다. 진의를 잘 모르는 어른들이 나서서 그래도 한국에서 사회생활을 할 거면 군대는 가는 게 낫다는 논리를 덧대보지만 젊은 세대뿐만 아니라 정치권도 은근히 BTS만큼은 예외로 해주자는 공감대가 형성되었다. 2010년 싸이 병역 논란 때와 또 다른 흐름이다.

상식적으로, BTS 멤버들은 이미 20대에 수백억 자산가가 되었으며 멤버도 7명이나 된다. 당장 한국에 BTS와 엇비슷한 음악 일을 하는 20대 청년이 수만 명이고 군대 고민을 하는 이들이 수십만이니 이 같은 청년 대중이 이를 질시할 법도 한데 신기한 일이다. 게다가 BTS가 거둔 성공, 국위선양의 기준을 명문화할 근거도 희박하다. '20대에 빌보드 1위는 군 면제' 같은 것은 말도 안 된다. 요즘 아이들은 '부러움'이나 '평등의식'도 다 사라져버렸나 싶을 정도로 BTS에게 관대하다.

나는 이 대목을 '제국주의 사고'로 인식했다. 즉, 팽창주의다. 방탄의 애국심은 이미 검증되지 않았나? 그 때문에 이들에게는 다른 역할을 부여하는 것이다. 가서 케이팝의 영토를 넓히고 한국 문화의 우수성을 전 세계에 알려라. 너희는 공자의 후예이자 김구 선생의 이른바 제2차 광복군이 될 것이다. 출격하라, 방탄이여! 전 세계로 날아오르라.


## 내셔널리즘과
## 제국주의의 유기적 관계

20세기 내내 정치학에서는 내셔널리즘을 제국주의의 반작용 선상에서 이해했다. 이 둘이 어느 정도 구분된다고 믿었다. 실제로 제3세계를 휩쓸다시피 한 민족주의와 애국주의는 20세기 정치학의 최대 연구과제였으며, 주로 제국에 대한 반항으로 받아들였다. 제국은 문명과 제도의 담지자 아니던가? 제국은 압도적인 문명의 우위를 바탕으로 제3세계를 지배하면서 너그러운 태도로 코스모폴리탄적인 제국의 위용을 뽐냈고, 소국들은 민족국가를 건설하는 식으로 이에 반항했다.

그런데 20세기 역사를 들여다보면 알겠지만, 제국주의와 내셔널리즘이 칼로 무 자르듯 구분이 안 된다. 예를 들어 제국주의의 피해자로 본 미얀마나 베트남이 대표적 사례다. 전 세계는 이들 국가의 애국주의를 어느 정도 용인할 의향이 있었다. 제국의 가장 큰 피해자들이었으니 말이다. 그런데 막상 반제국주의자들이 권력을 잡더니 순식간에 작은 제국주의로 돌변해서 소수민족을 억압하고 이웃나라캄보디아, 라오스를 자기 휘하에 두는 행동을 한다.

  제국이라고 해서 예외는 아니었다. 일본에서 1930년대 후반 쇼와 군국주의자들이 득세한 것은 일본의 순수혈통 민족주의와 팽창주의가 적절하게 결합했기 때문이다. 영국과 미국에는 민족주의가 없을 것으로 보지만 사실상 트럼프주의나 영국의 브렉시트Brexit는 고립주의라기보다 내셔널리즘이다. 21세기 최후의 난제인 제국으로 치닫는 현시기 중국의 내셔널리즘 창궐 역시 마찬가지다. '일대일로'를 하면 로마제국주의 비슷하게 될 줄 알았는데 여전히 인종주의에 기댄 중화주의의 틀에서 벗어나지 못한 것이다.

  내셔널리즘과 제국주의는 이란성 쌍둥이처럼 국가와 민족 안에 동시에 웅크리고 있었다. 그리고 이 관계는 서로 밀고 끌며 21세기에도 여전히 정치학의 중요 난제로 자리 잡았다. G2라고 하는 미국과 중국은 물론 일본과 유럽 여러 나라까지 내셔널리즘 열풍에 빠질 줄은 그 누구도 상상하지 못했다. 이제 딱히 누가 누구를 비난하기 어려운 도덕적 딜레마에 빠지고 말았고, 내셔널리즘을 극복해야 할 철 지난 종족주의라고 폄하만 할 수 없게 되었다. 이쯤 되면 국가의 본질이 아닌가 싶은 것이다. 민족은 국가를 만들고 다시 국가는 민족을 만든다는 정치학 격언처럼 말이다.

진보적 역사학자 박노자는 남한의 팽창주의, 작은 제국화를 꾸준히 경고했다. 특히 동남아시아에서 그렇다. 그리고 케이팝 국수주의에 제동을 걸곤 한다. 그런 맥락에서 그는 유승준에 대한 유배도 풀어야 한다고 주장한다. 유승준은 친미에 대한 대속으로 미국으로 유배 간 셈이다. 동시에 한국 대중은 케이팝 선봉장인 BTS에게 군역보다 더 큰 짐을 씌워 일종의 요동정벌에 나서게 할 심산이다.

과연 BTS에게 군역을 강제하고 유승준은 풀어주는 게 한국 팽창주의를 막는 가장 효과적 방법일까? 현재 상황처럼 한국의 케이 팽창주의는 실체가 있는 것일까? 박노자 생각대로 한류는 일종의 팽창주의이자 제국주의의 유사 버전인가? 확실한 것은 내셔널리즘과 제국주의는 아시아 정치에서 꽤 주요한 난제라는 것이다.

# 순수한 주권에 관하여, 서태지와 이문열의 갈림길

✕

## 주권의 순수성

소설가 이문열의 글을 요즘 젊은이들이 읽는지 모르겠다. 이문열은 1993년 당시 이미 한 시대 이전 작가였다. 1948년생인 그는 1980년대 한국의 시대정신을 대표했다. 1990년대까지 어느 서가에나 책이 꽂혀 있었지만 이제는 선뜻 손이 가지 않는 작가가 되었다《삼국지》는 빼고. 일단 문체가 한 세대 이전인데다 작가의 체험이 대개 1970년대에 집중되다 보니 1990년대 이후를 살아가는 신세대에게는 낯설었다.

나는 고등학생 때 '청춘' 3부작과 《사람의 아들》 등을 읽었는데 이문열 작품을 소재로 한 국산 영화가 많았기에 어쩔 수 없었다. 그런데 재미있게 읽으면서도 도대체 뭐가 문제지 하는 의문이 불쑥불쑥 들었다. 주인공은 청년 지식인인데 인생과 세상에 대한 고민이 깊고 그 문제를 풀기 위해 전통주의자도 만나고, 모더니즘도 겪어보고, 기독교도 휘적여본다. 하지만 현실은 왠지 처참하고 한국 사회는 한심하고 등장인물은 언제나 비굴한 상황에서 허우적거린다. 결국 누군가 대신 주인공에게 물어준다. "유적流謫, 유배은 끝났나요?" 소설이 대개 이런 형식으로 진행되었다. 《사람의 아들》이나 《우리들의 일그러진 영웅》도 마찬가지였다. 주인공은 현실 문제에 번민하고 세상은 언제나 주인공과 작가의 기대를 충족하지 못해 실망스럽다는 태도였다.

이런 이문열의 태도는 신세대에게는 낯설고 어렵다. 그런데 나도 어느 정도 경험을 쌓고 보니, 그가 적당히 이해되긴 했다. 그러니까 그는 1950~1970년대 제3세계 지식인으로서 자기 존재의 허약함을 그토록 고민하고 번뇌했던 것이리라. 그는 어릴 때 한국전쟁을 겪었고 아버지는 이념을 따라 북으로 가버렸다. 홀어머니 밑에서 열심히 공부해 서울대학교에 갔지만, 여전히 조국의 비전은 취약했고 현실은 더러웠다. 식민성, 자본주의적 탐욕, 빈부격차, 폭력적 정부, 부패한 종교, 산업화, 농촌의 유교주의가 잡탕처럼 혼재한 현실에 어지럼증을 느꼈다. 그래서인지 이문열은 하루키보다 나이가 한 살 많은데 무척이나 늙어 보인다.

아시아로 눈을 돌려 당시를 살펴보면, 1970년대는 한창 반제국주의 운동이 아시아와 제3세계 전역에 들불처럼 번져가는 시기였다. 베트남전이 기름을 부었다. 뚜렷한 운동의 방향성이 있었다는 것이다. 식민성을 극복하고 민족의 뚜렷한 아이덴티티를 찾아서 나라의 주권을 정통성이라는 반석 위에 올려놓자는 이른바 '반제국주의 내셔널리즘'이다. 북한에는 주체사상이 있었고 중국에는 문화대혁명,

캄보디아에는 킬링필드, 미얀마와 인도네시아에서도 내셔널리즘의 군부독재가 펼쳐졌다.

세계적 석학 프라센지트 두아라Prasenjit Duara는 이를 '주권의 순수성 Sovereignty and Authenticity'이라고 이름 붙였다. 급작스레 민족국가의 정통성을 세우기 위해 가장 근원적인 것을 끌어오기 시작한 것이다. 외세를 배격하는 것은 기본이고 민족의 본질에 더 집중한 것이다. 순수성이라는 말이 헷갈릴 수 있다. 하지만 백두와 한라가 만나 하나가 되고, 평양에서 단군릉을 발굴하고, 박정희는 신라의 금관총을 파헤치는 일 등을 생각해보면 이해하기 쉽다. 민족의 본질을 회복해 제대로 된 나라, 독립국가를 만들고 싶어 한 것이다.

사회주의 지식인에게는 이처럼 방향성이 뚜렷했다. 반제국주의로 대숙청purge이 가능했던 배경이다. 반면 반半식민지로 규정된 남한이나 대만, 일본, 태국 등이 그렇게 하기는 좀 모호했다. 미국과 소련의 눈치를 보아야 했기 때문이다. 결국 왕이 있던 나라는 왕실의 상징성을 강화했고, 왕이 사라진 나라는 군인이 왕을 대신했다. 이는 이문열이 고민하는 지점이 된다. 나는 도대체 누구인가? 어디에 서 있고, 어디로 가는가?

## 변방이라는
## 고민

이 같은 고민은 우리가 제국의 중심이 아닌 제국의 변방 또는 제3세계였기에 하게 된 것이다. 청년 이문열의 근원적 고민이기도 했고, 당대 남한 지식인 전체의 딜레마이기도 했다. "제1세계가 좋은 건 알겠는데 우리가 제1세계가 될 가능성은 없지 않은가? 그럼 제2세계로 가면 좋을 듯한데 그럴 배짱은 없다." 그러다 보니 자꾸 전통과 현대라는 이원론 사이에서 방황하게 되었다. 서구는 좋은데 반식민지 티가 나고 전통은 좋지만 봉건적이라는 약점이 있었다.

1981년 전두환 정권 출범과 함께 '국풍 81' '국풍 82'라는 민족문화 ~~관제~~ 행사가 있었다. 소장파 지식인의 건의를 받아들여 전두환 정권 출범의 정통성을 다지려고 한 문화 활동이었다. 심지어 그맘때 신정 대신 구정을 설로 쇠게 하고 무형문화재에 대한 투자도 늘렸다. 북한과 이른바 민족 정통성 대결을 벌인 것이다. 이는 군부정권도 '주권의 정통성'에 대해 고민이 많았다는 반증이고, 남한의 전통문화 콤플렉스를 보여주는 대목이기도 하다. 또는 남북한 경쟁체제의 구체적 성과이기도 하다. 남한도 스스로 '미제 식민지'가 되지 않으려는 치열한 고민이 있었고 일정 부분 북한의 영향을 받았으니.

하지만 제3세계의 '극좌, 반제운동'은 1980년대 초엽부터 완전한 실패로 드러난다. 반제국주의 운동이 전 세계 지식인의 압도적 지지를 얻었지만, 군부나 왕당파가 새로운 압제자로 돌변하면서 경제와 인민을 억압한 결과다. 대숙청으로 불거진 편 가르기 싸움이 초기의 순수한 의도를 먹어치우고 괴물로 돌변했다. 우리는 북한의 현대사를 통해 대충 짐작했지만 제3세계는 모두 같은 고초를 겪는다. 이문열은 북한의 몰락을 확인한 1990년대 중반 당당하게 전통을 뛰어넘어 봉건 세계로 귀환하게 된다.

## 서태지의 우발적 혁명과
## 보수주의 대 혁신주의

　　　　　　1992년은 한국 대중음악사에 혁명으로 기억되는 해다. 서태지가 〈난 알아요〉로 기존 역사와 단절을 시도했기 때문이다. 나는 고3 학생이었지만 단박에 이 노래가 대중문화사를 바꿀 거라고 확신했다. 이유도 근거도 없었다. 그냥 신박했다. 이 노래는 미국 노래를 어떻게든 비틀어 모방해 들여온 제품이다. 랩도 한국에 없던 형식이다. 달라진 건 댄스 정도다. 그런데 종속이론의 유적이 남은 1960년대생에게는 불가능한 도전이었고, 1972년생이기에 가능했다. '국풍 82'가 끝난 지 10년 만의 변화였다.

　서태지가 지금도 전설로 회자되는 이유는 1993년 2집 〈하여가〉의 충격 때문이다. 1993년 베를린 장벽이 무너졌지만 국가보안법이 서슬 퍼렇게 살아 청년 수백 명을 가두었고, NL과 PD가 반제냐 반독재냐, 신식민지냐 신식국독자신식민지국가독점자본주의이냐를 놓고 싸웠다. 전통이냐, 현대냐 두 갈래 길에서 서태지가 조선 태종 이방원의 시조에서 영감을 받은 〈하여가〉라는 곡으로 "왜 싸우니? 둘 다 가능한데"라고 형님들에게 크게 한 방 먹였다.

　서태지는 〈하여가〉로 예술가가 되었으며, 단순히 미국 팝을 흉내내는 댄스 가수가 아닌 시대의 첨단으로 자리매김한다. 댄스에 국악 리듬 몇 개 썼다고 그게 가능했다. 1980년대 제3세계 지식인들이 순수한 주권 세우기와 현대성 사이에서 치열한 격론을 벌이고 서로 피 튀게 죽고 죽인 점을 고려하면 말이다. 1993년의 〈하여가〉는 사실상 1953년 이후 문화계에 지속되어온 '식민성'이라는 콤플렉스를 날리고 '한국적인 것'에 대한 영감을 불러일으켰다.

노래 하나에 대한 상찬이 과하다고 해도 상관없다. 사실 스물한 살의 서태지가 깊은 혜안이 있어서 이런 곡을 시도한 것은 아니다. 댄스음악을 만들다가 록도 섞어보고 레게도, 힙합도 고민하다가 눈앞에 국악이 있으니 '섞어'본 것뿐이다. 군사정부가 개념이 없었다거나 한국 사회가 국학을 천시했다면, 1993년에 저런 혁신이 나올수 없었을 것이다. 그런 것이 바로 역사다. 모든 문제가 당대에 전부 해결되는 것은 아니다. 결국 후대가 혁신적 답을 내놓으면 역사가 발전하는 식이다.

반면 1980년을 줄곧 제3세계와 운동권의 눈치를 본 이문열은 1990년대 소련의 몰락과 더불어 당당한 보수주의자가 되었다. 그는 보수주의의 유학, 노론의 계승자가 된다. 한나라당 코치도 해보고 공천심사도 해보지만 여의치 않다는 사실을 파악했을 것이다. 자연스레 《삼국지》와 《초한지》 등 중국사 판타지물의 세계로 잠적하고 말았다. 한국 보수주의의 원류만 따라가다 보니 결국 단군 아니면 중화사상 둘 중 하나일 테니.

1972년 이후 서태지 세대가 이문열을 읽지 않고 서태지 음악을 선택한 이유는 너무도 명확하다. 시대정신이 바로 후자에 있었기 때문이다. 우리는 선배들과 같이 '미제 똥물 콜라' 대 '더러운 조센징'의 이분법에 갇히지 않는다. 그냥 더 좋고 더 새로운 것을 한다. 우리에게 주어진 자원을 활용해서 말이다. 노래 한 곡이 주는 의미가 이 정도로 묵직하다.

# 식민지를 피한
# 조선의 미래는 어떠했을까

$\times$

## 식민지 근대화론과 태국,
## 안중근 비판

아시아의 현대성은 비교적 추적이 쉬운 편이다. 아편전쟁이 벌어진 1840년대부터 따지면 180년을 넘지 않는다. 일본 나가사키 항구의 데지마섬으로 기원을 잡아도 300년 남짓이다. 현대성을 서구주의로 해석했을 때 그렇다는 말이다.

음식평론가인 황교익이라는 분이 꽤 합리적인 지식인에 가깝지만, 한국과 일본 음식의 교집합에서 자꾸 헛발질하는 이유는 '문헌주의' 함정에 빠지기 때문이다. 지식인의 의무와 도리상 자료에 근거를 두고 음식문화를 설명할 수밖에 없다. 그러다 보니 계속 1910년대에서 멈춘다. 문헌자료는 거기가 한계니까 그렇다. 그래서 한국 대중 음식이 온통 일본의 영향을 받은 것처럼 된다. 기록문화 자체가 일본 근대화에 영향을 받은 사람이 작성했다는 점은 놓친 탓이다.

한국인 눈에 태국은 이상한 나라이고 비판 지점이 차고 넘친다.

236

왕족주의, 귀족주의, 반공주의, 방콕중심주의, 친일친미주의 등이 기괴할 정도로 복합적으로 중첩된 사회다. 예전에 태국 관련 세미나를 하다가 한 친구가 이렇게 외쳤다. "고려시대 무신정권하고 똑같네." 단박에 이해가 되었다.

그런데 "한국이 식민지 근대화를 거치지 않았다면 오늘날의 태국일 것이다"라는 글을 보니 마음이 복잡해졌다. 이 말에 뭐라고 반박하고 싶었지만 꽤 적확한 사실을 묘사했기에 반박하기도 쉽지 않다. 변방의 슬픈 이야기로 매우 리얼리즘적인 접근법이다.

이 같은 냉철한 논지가 더 슬픈 이유는 '식민지 근대화론'에 천착한 한국 보수극우세력의 논지와 거의 일치하기 때문이다. 한국의 보수세력은 일제강점기와 한국전쟁의 부정적 결과보다는 긍정적 효과에 주목한다. 일제강점기는 그렇다고 해도 한국전쟁에도 긍정적 효과가 있다니 이해되지 않는다.

"한국전쟁이 한민족에게 무엇을 선사했는지 아나? 왕을 없애버렸지. 조선왕조 500년간 위세를 떨친 양반 가문을 싹 없앴잖아. 반상구분이 사라진 진정한 평등사회를 구현한 거야. 남한의 자본주의가 그냥 이루어졌을 것 같나? 이게 다 전쟁의 긍정적 효과라니까. 이승만을 비판할 이유가 하나도 없어. 적어도 남한이라는 성공적 사회를 만들어냈으니까 말이야."

이렇듯 역사관이 충돌하면 타협하기가 쉽지 않다. 극우사관은 동양평화론의 선구자 안중근에 대해서도 비판을 멈추지 않는다. 초대통감 이토 히로부미가 상당히 온건한 제국주의자라는 것이 그 근거다. 안중근이 오판해 이토를 사살함으로써 강성파가 일제의 주류가 되어 조선 민중이 더 험난한 길을 걸었다는 주장이다. 나아가 일제 군국주의가 더 심해져 이후 중일전쟁과 태평양전쟁까지 이어졌으니 동아시아의 평화를 망친 당사자가 바로 안중근이라고 주장하는 놈도 있다.

식민지 근대화론의 엄청난 폐해다. 너무 비상식적이라서 믿지 못하겠다는 분들도 있겠지만 상당수 친일 우익의 논지는 이러한 맥락을 충실히 따라간다. 일본인 상당수도 이런 논조다. 조선 민중이 독립운동이 아닌, 자치운동만 폈더라도 삶의 질이 더 나아졌을 거라는 반론이다. 독립도 스스로 쟁취한 게 아니라 미국과 소련이 들어와서 해방시켜주었을 뿐이니 괜히 애쓰지 말고 식민지 근대화론을 믿으라는 것이다. 근대화가 가져다준 개인의 해방, 자본주의의 힘, 전쟁의 힘을 믿으라는 것이다.


## 미얀마, 태국, 북한과
## 아시아 문명론

태국은 전형적인 중진국 함정에 빠진 나라다. 사회적 자본이 토지와 공기업에 집중되어 있는데, 상속세가 거의 없다 보니 부를 대물림하기가 너무 쉽고, 왕실과 귀족까지 건재하다 보니 혁신파가 사회개혁 의제를 밀어붙이기 어렵다. 그러니 개혁하려면 기득권이 파격적으로 양보하거나 강제조정이 필요하다. 하지만 이는 내전의 근본 원인이 된다.

우리가 '태국=고려왕조' 이론을 쉽게 받아들이는 이유는 태국 사회가 국가를 현대화할 자기 파괴적 혁신을 겪지 않아서 그렇다는 것이다. 자력으로 안 되면 외부 힘이 필요하다는 논리다. 그 외부 힘이 한국에는 일제강점기와 한국전쟁이었다는 것이다. 그러면 의도하지는 않았겠지만 자연스레 식민지 근대화론에 대한 긍정으로 이어진다.

하지만 이는 너무 편향된 해석이다. 미얀마와 베트남 그리고 북한 같은 반대 사례도 있다. 미얀마는 100년 가까이 영국의 지배를 받는 동안 왕족이 깡그리 사라졌다. 심지어 독립했지만 이후 30년이 넘는 내전으로 민족과 계급이 해체되는 수준의 국가통합을 겪었다. 만약 식민지 근대화론의 관점으로 본다면 미얀마는 미래의 통일한국에 가까울지 모른다. 베트남도 마찬가지다. 식민지 근대화와 내전을 거치며 한국과 일본을 넘어서는 발전에 이를 수 있는 최적의 조건을 갖췄다. 이 논리는 북한에도 고스란히 적용된다. 북한 역시 식민지 근대화론이 본격적으로 발휘되기 좋은 환경이 된다.

식민지 근대화론은 21세기 초에 이미 폐기된 것이나 마찬가지다. 일본이 지속적인 자기 개혁에 실패하고 있고, 중국이 서서히 과거의 경제적 위상을 회복해가고 있기 때문이다. 아시아 문명이 자기 회복성을 되찾은 것이다. 이른바 식민성에서 상당히 벗어나 자신감을 찾아가고 있다.

서구화 이론에 기댄 식민지 근대화론으로 아시아 역사를 바라보면, 중국의 제2차 내전이라고 할 문화혁명은 계급이 사라지게 만든 위대한 투쟁이 되어야 한다. 중국이 식민지를 얼마나 겪었다고 식민지 근대화론의 대상이 될까? 일본의 메이지유신이 위대한 것은 사실이지만 그것이 천년만년 위대한 역사일 수만은 없다. 일본이 쇠퇴하는 이유 역시 메이지유신의 역효과이니까 말이다.

태국이 중진국 함정에 빠진 이유도 꽤 거대한 아시아적 시각에서 보아야 하지 않을까? 태국이 식민지를 피한 것은 멋져 보이지만, 실상은 서구열강과 일본의 식민지에 가까운 지배를 받았다. 외견상 식민지 체제가 아니었을 뿐 실질적으로는 왕정체제에 기반을 둔 유사 식민지를 오래 겪은 것이다. 유사 식민지라고 이름 붙일 만큼 강심장인 비판적 지식인이 나올 수 없었다는 것이 문제다.

우리가 이제야 한국 역사를 높이 평가하지만 1987년 이전만 해도 암울했던 종속국가였다. 2012년 대선 때는 정권이 블랙리스트를 만들고, 국정원이 예산을 1조 원이나 전용해 선거에 적극적으로 개입했다. 오늘날 한국이 이룩한 현대화가 식민지 근대화론 따위나 낭만적인 한국전쟁의 계급철폐 효과로 발전할 수밖에 없는 단순한 역사가 결코 아니다. 다양한 인물과 세력과 사상의 투쟁 역사가 그 배경에 있었다.

조선이 용케 식민지를 피했다고 한들 현재 태국과 같은 현실을 마주할 수 없다. 만일 그렇다면 아시아 역사가 전혀 다르게 펼쳐졌을 것이다. 반대로 태국이 식민지를 피한 이유 역시 태국 외교관이 잘해서가 아니라 조선이 일제 식민지가 되고, 미얀마가 영국, 베트남이 프랑스 식민지가 된 아주 비극적인 역사가 포개진 우연의 일치일 뿐이다. 남의 불행 덕분이었다는 이야기다. 절대 스스로 실력이 있어서가 아니었다. 남들이 겪은 숙제를 뒤늦게 받아든 것이다. 한반도 역시 통일이라는 숙제가 남아 있으니 행운은 돌고 돈다.

만일 아시아가 파괴적인 식민지 시절을 겪지 않았다면, 전혀 다른 현대화의 역사가 펼쳐졌을 테고, 태국의 왕정 역시 시민사회의 꽤 적확한 공격을 받았을 것이다. 지금이 바로 그 순간일 수도 있다. 태국의 시민사회 역시 2006년 탁신 친나왓이 실각한 이후 꾸준히 역량을 쌓아왔다. 현재 왕실이 전혀 세계적인 수준의 보편성을 갖춘 체제가 아니라는 점을 인식한 세대가 주도하고 있다. 태국 역사도 진보할 수 있는 여러 토대를 닦은 셈이다.

# 태국의 10월 혁명과 국가폭력
# 그리고 동학농민운동

X

## 태국의
## 위태로운 10월

1991년 임권택 감독이 만든 영화 〈개벽〉은 아주 드물게 1890년대 동학혁명을 주도한 천도교와 2대 교주 최시형崔時亨(1827~1898)의 최후를 그렸다. 도올 김용옥이 시나리오에 참여했다고 해서 화제가 되기도 했다. 영화에서 가장 인상적인 대목은 동학 교주를 끈질기게 뒤쫓는 하급 포졸의 무시무시한 존재감이다. 배경이 된 시기는 조선왕조 끝물이기에 무척 허약한 나라일 것 같지만, 영화에 묘사된 관아의 힘은 호랑이보다 무섭고, 교주 최시형의 신세는 바람 앞의 등불처럼 나약하기만 하다.

국가는 본디 그런 존재다. 관이 결정하면 민은 아무런 반항조차 하지 못하고 삼족이 순식간에 사라질 수 있다. 권력의 힘은 그토록 세고, 강하고, 무섭다. 동학농민운동이 역사적으로 위대한 움직임으로 평가받는 이유는 모두 죽을 각오로 분연히 떨쳐 일어나 국가 체제라는 거대한 괴물인 레비아탄Leviathan에 작은 생채기를 내보려고 덤볐기 때문이다. 조선은 이미 사라져 그 흉포함을 기억하는 이가 별로 없지만, 1970년대 유신 시절과 크게 다르지 않았을 것이다. 천주교에 대한 그 처절한 박해와 고문 스토리를 떠올려보라. 왕이 있었고, 이를 보존하려는 거대한 국가폭력이 있었다.

10년 전 만들어진 다음카페동남아정치 카페로 지금은 회원이 몇 안 남았다 정모가 홍대입구에서 있었는데, 초대 매니저가 트위터에 최근 태국 상황을 실시간으로 중계했기에 참석자들이 그분의 정세분석을 귀를 쫑긋 세우고 경청했다.


—현시기를 어떻게 정의할 것인가?

"감히 10월 혁명이라 할 만하다."

—한국의 1987년이나 홍콩의 우산혁명과 비교할 수 있을까?

"왜 한국과 비교하나? 태국은 태국이고 한국은 한국이다. 사정이 많이 다르기도 하고."

—한국의 촛불과 비교할 만하지 않을까?

"모양이 비슷해도 결과는 아닐 것이다. 한국은 막판에 군이 출동하지 못했지만 태국은 반드시 군이 나설 것이다. 그러기에 더 대단하고 극도로 위험한 상황이다."

—군부가 무력을 동원할 것으로 보나?

"태국은 군부국가이고 왕정체제다. 눈에 쌍심지 켜고 지도부를 찾아내려고 혈안이 되어 있다. 모든 정보기관이 총동원된다. 그래서 지도부 공개가 안 되고 철저하게 네트워크 방식으로 움직인다. 왓

츠앱이나 페북 메시지도 다 도청·감청 대상일 것이다. 2008년에서 2012년까지 레드셔츠 시위대 100여 명이 저격당해 죽고 취재기자만 4명이 사살되었다. 수천 명이 감옥에 끌려갔고…. 태국은 여전히 그런 사회다."

—그래서 혁명적 상황인가.

"물론이다. 레드셔츠 때와는 또 다르다. 그때는 선거 결과라는 명분도 있고 여야라는 의회 구도를 배경으로 삼았지만, 지금은 일단 기존 체제에 대한 전면부정 아닌가? 훨씬 더 위험해 보이고 그렇기에 더욱 혁명적 상황이다. 절대 케이팝 어쩌고 낭만적으로 보지 마라."


## 동학농민운동의 사발통문

고3 봄방학 때 학교에서 기숙사 학생들을 데리고 정읍으로 야유회를 갔다. 동학농민운동 기념관과 기념탑을 둘러보고, 근처 계곡에서 노래하고 놀면서 스트레스를 풀었다. 하지만 나를 포함한 학생들 표정은 심드렁했다. 동학농민운동? 100년 전 일이 지금 우리에게 무슨 의미가 있다고. 9개월 뒤면 대학입시인데 하루라도 집중해 공부해야 하는 것 아닌가?

아마 386 출신 젊은 선생님들이 주도해서 야유회를 그쪽으로 잡았을 것이다. 기왕이면 머리가 조금이라도 커진 학생들에게, 서울로 대학을 갈 것이 분명한 제자들에게, 동학농민운동 정도는 알려주고 싶었을 것이다. 3대조 할아버지의 95퍼센트 정도는 동학농민운동 당시 관아 편이 아닌 농민 편에 섰을 테니까 기왕이면 야유회도 뻔한 관광지가 아닌 정읍의 고부 부근으로 잡았던 것이다.

동학농민운동 기념관에 가본 사람은 알겠지만, 가장 흥미로운 문건은 '사발통문'이라 하여 지휘부 이름이 담긴 문서다. 어찌 되었든 동학 접주들이 거사를 도모하려고 할 때는 지휘부의 의사와 의지가 명확히 하부로 전달되어야 한다. 누가 주도하는지 명확해야 가장 밑바닥의 백성들도 용기를 내고, 이른바 조직이 움직일 수 있다. 그런데 동학농민운동의 해당 문서는 주동자 이름이 원형으로 되어 있고, 누가 최고 책임자인지 명확하지 않게 평등하게 처리되었다. 그래서 문건 이름이 '밥사발통문'이다.

이는 비겁한 일이 아니다. 이름이 병기되는 순간 그 인물의 삼족은 물론 구족까지 다 죽는다. 죽을 것을 알고 이름을 허락하는 것이다. 기왕이면 모두 동등하게 책임지고자 네트워크 방식으로 평등하게 이름을 동그란 모양으로 처리한 것이다. 그래야 책임을 윗선에 미루지 않고 운동이 강고한 연대감과 책임감을 갖게 된다. 수직적 명령이 아닌 네트워크 방식의 시발적 모델이라고 할 수 있다.

## 한국, 군부 극복의 미스터리

위대한 승리로 알려진 1987의 6월 항쟁과 2016년 촛불항쟁에도 위기가 있었고 비사가 많다. 특히 군의 개입이 문제다. 중동과 아세안 그리고 아프리카와 남미까지 사실상 제

3세계를 특징짓는 가장 뚜렷한 공통점이 군부라는 존재다. 이 세력은 민중이 거리로 뛰쳐나오는 가장 결정적인 순간 무력으로 개입함으로써 권력의 추를 민중과 중산층이 아닌 보수세력에 남게 하는 역할을 반복적으로 했다.

2016년 촛불 당시 얼마나 많은 이가 '군부 개입설'에 긴장하고 경계했을지 모르겠지만 실제로 군 정보부기무사와 합참 등은 조직의 특성상 정보를 수집하며 유사시에 대비한 것이 확실하다. 그 방법은 계엄령이다. 계엄령이 발동되면 군대가 정부를 접수하고 국가의 모든 지휘체계를 통제한다. 1987년 당시에도 군부는 그것을 준비하고 결행 직전까지 갔다. 한국과 달리 동남아 민주주의는 매번 군부의 계엄령에 발목을 잡혔다고 보면 된다.

한국의 경우 1979년과 1980년 광주의 비극이 뒤늦게나마 세상에 널리 전파되었다. 그 결과 1987년은 시민의식의 성장, 국제사회의 개입, 군부의 막판 변심 등으로 평화적으로 마무리되면서 역사적 전환을 이루었다. 물론 이밖에도 다양한 요인이 있다. 앞서 이야기한 카페 매니저의 해석 가운데는 모병제가 아니라 개병제가 이유라는 것도 있다. 1987년은 1981년과 달리 의식이 한층 성숙해진 2년짜리 단기 군인들이 주류가 된 시대로, 감히 이들을 이끌고 광화문광장의 100만 시민을 상대하기는 쉽지 않았을 거란 해석이다그래서 모병제 시대에는 예산이 100조나 되는 국방부를 경계해야 한다는 논리로 나간다.

그런데 따지고 들어가면 이는 역사의 힘이기도 하다. 그리고 1895년 동학농민운동이 뿌리가 된다. 우금치전투에서만 5만에 가까운 농민이 희생되었다. 당시 남접과 북접의 농민군이 일본군/청군/조선군의 협공에 죽거나 뿔뿔이 흩어지면서 조선이 결국 망했지만, 그런 경험이 후대에 전해지며 1987년과 2017년으로까지 이어진 게 아닐까 생각한다. 내가 다녔던 대학의 문과대를 녹두문대라고 불렀고, 정오에는 '새야 새야, 파랑새야, 녹두꽃에 앉지 마라'라는 음률이 흘러나왔다. 시인 안도현의 출세작도 《서울로 가는 전봉준》이고 2020년 봄 소액투자자들의 움직임도 '동학개미운동'으로 명명되었다.

태국 정국은 조만간 분기점을 마주할 것이다. 군부와 정면 대결 말이다. 코로나19 시국에 반정부 시위를 벌이는 청년·학생 들을 군부는 어떻게 처리할까? 스마트폰 100만 개로 무장한 시위대에 감히 총을 쏠 수 있을까? 국제사회는 어떻게 대응할까? 쁘라윳 짠오차 총리는 퇴진하고 새로운 민간인 총리를 대타로 내세울까?

# 동남아의 식민지 근대화론,
# 아세안 사람은 게으른가

✕

## 식민지 근대화론, 한류론과
## 게으른 동남아 사람

상당히 부자인 화교 출신 미얀마인 친구가 있다. 양곤 시내 저택만 660㎡(200평)이고 5층 빌딩에 엘리베이터, 발레연습실, 실내 와인바가 티크목재로 치장된 30억대 초호화 주택 소유자다. 이 친구는 당연하게도 아웅산 수치에게 부정적이고 같은 미얀마인에게도 차갑기 그지없다. 미얀마인은 무식하고 게으르다는 편견이 엿보인다. 현지인끼리도 민족과 계급에 따라 뚜렷하게 선을 긋는다.

미얀마에서 현지 연구를 진행할 무렵 영어를 할 줄 아는 현지인을 조수로 뽑으려고 노력했는데 쉽지 않았다. 영어회화가 되면 필기가 안 되고 컴퓨터를 다룰 줄 알면 영어가 아쉬웠다. 결국 3명 정도의 조수가 필요해 보였다. 그러자 그 친구가 냉정하게 조언을 해주었다.

"미얀마인을 2~3명 뽑을 계획이라면 차라리 화교 한 명을 뽑아.

그게 생산성이 더 나을 거야."

미얀마인 인건비는 1인당 월 20~25만 원으로 싸지만 비효율적이니 차라리 화교 한 사람을 50만 원을 주고 뽑으면 3명분 생산성이 나오니 그게 훨씬 더 효과적이라고 했다. 처음에는 돈이 부족해서 어쩔 수 없이 버텨보았는데 실제로 6개월 정도 지나니까 그 말이 무슨 뜻인지 깨달았다. 처음 구상한 일이 잘 진행되지 않은 것이다. 미얀마어를 배우려면 그 일을 전담할 사람 한 명, 연구조사만 전담할 사람 한 명, 가이드 전담인력 한 명을 각각 따로 썼어야 했다는 후회가 밀려왔다.

최근 동남아 관련 글을 쓰면서 한국이 당면한 문제와 겹친다는 생각이 들었다. 특히 우리 사회에 강고하게 남아 있는 식민지 근대화론의 굴레가 그렇다. 여러 우연이 겹쳐 아시아사를 공부하면서 식민지 근대화론이 얼마나 허무맹랑한 이론인지 논파하려는 글을 쓰다 보니 어쩔 수 없이 한국과 비슷한 경험을 한 다른 아시아 나라의 사례를 살펴보게 되었다. 사실 아시아학의 목표는 한류학이기도 하지만, 동시에 식민지 근대화론과의 투쟁이기도 하다. 즉, 제3세계로 출발한 한국이 이제는 한류라는 문화 수출이 가능한 위치에 서게 되었다면, 일본을 포함한 유럽 제국주의의 억지 논리를 자연스레 논파할 수 있다는 가정이다.

나는 4~5년 전 영어 논문검색이라는 비장의 무기를 알게 되었다. 그전에는 영어에 까막눈이었으므로 당연히 한글로 된 책만 보아야 했다. 그런데 이 자료만 보아서는 묘하게 식민지 근대화론이 극복이 안 되었다. 명쾌하게 논파해주는 분도 없어서 논쟁하다 보면 종종 상대편 논리에 휘말렸다. 그래서 식민지 근대화론을 자세히 알리고 논문을 차근차근 검색해보았지만 영어로 된 논문은 찾지 못했다.

그러니까 서구에 200년 이상 식민지배를 받은 동남아 국가에서조차 식민지 근대화론 같은 허무맹랑한 주장을 펼친 학자가 없었던 것이다. 게다가 서구학자들이 제3세계를 향해 제국주의 긍정론<sub>옹호론</sub>을 주장한다는 것도 후안무치한 일이다. 자기들이 과거에 저지른 일을 역사가 아는데 어떻게 식민지 근대화론을 내놓겠는가? 논쟁거리가 전혀 안 되는 주장이다. 특히 《반일 종족주의》의 공저자인 이영훈식 친일론이 한국 사회의 과도한 반일주의를 비판한 것이라면 그럴 수도 있지만, 그 목적이 식민지 근대화론 자체가 되어서는 안 된다.

동남아에도 식민지 근대화론과 비슷한 논쟁이 있다. 바로 동남아 사람은 게으르다는 테제다. 이런 것이 학술 소재가 될 성싶지만, 제2차 세계대전 이후 60년 넘게 동남아에서 가장 뜨거운 정치쟁점이자 사회학 담론이자 아세안학의 시발점이 된 도발적 질문이다. 이른바 '동남아판 식민지 근대화론'인 셈이다. 이 게으른 동남아인을 과연 어떻게 할 것인가? 어떻게 바라보고 어찌 극복할 것인가?

식민지 근대화론과 게으름<sub>indolence, 만만디</sub>은 사실 같은 맥락이다. 너희 민족이 천성이 게으르니까 식민 지배를 당한 것일 뿐이고 문명을 전수해주었으니 고마워하라는 것이다. 명칭은 달라도 쌍둥이 이론이다. 19세기 서구의 조선 사회 관찰기를 보면 조선 남자는 너무 게으르고 더럽고 거짓말도 잘한다는 묘사가 줄을 잇는다. 한일병합을 지지한 미국 대통령 시어도어 루스벨트Theodore Roosevelt(1858~1919)도 그런 논리에서 일본을 지지하고, 일본의 조선 개화를 찬동했다.

더 큰 문제는 이것이 논파하기가 어려운 역사 영역이자 현실이라는 점이다. 게다가 뻔히 체감하는 내용이다. 더운 지방 사람들이 게으르고 생산성이 낮다는 것은 누구라도 쉽게 알 수 있다. 잠깐만 관찰하거나 함께 일해보면 안다. 핑계도 많고, 말귀도 못 알아듣고, 때때로 거짓말하는 것도 고용주에게는 냉엄한 현실이다. 그러니 편견에 편견이 곱해져 민족론·인종차별론으로 발전하는 식이다. 나아가 계량적 방법으로 증명하기가 여의치 않은 것도 문제다이영훈류는 이를 계량적 방법으로 접근하니 문제가 꼬이고 산으로 간다.

## 말레이 딜레마와
## 사라진 만만디

'말레이인은 게으르다'는 생각은 꽤 엄중한 현실이자 뜨거운 정치 이슈다. 국가를 현대화해야 하는 야심만만한 정치인에게는 더욱 그러하다. 싱가포르의 리콴유가 존경받는 이유는 '동양적+과학적' 방법으로 그럴싸한 해법을 제시했기 때문이다. 일단 국가가 회초리를 들고서 훈계하고, 나아가 에어컨으로 기후환경을 뒤바꾸는 식이다. 싱가포르의 거의 모든 학교에서는 21도 정도로 맞추어놓은 에어컨이 늘 돌아간다. 머리를 쓰려면 먼저 기후가 바뀌어야 한다는 리콴유의 신념 탓이다. 인류 최고의 발명품이 바로 에어컨이라는 것이 그의 핵심 주장이다.

마하티르 모하맛 말레이시아 총리에게도 '게으른 자국민'이라는 관념과 실제는 반드시 풀어야 하는 난제였다. 그가 젊었을 때 쓴 《말레이 딜레마》가 바로 그런 고민의 산물이다. 그는 당대 최고 학자들과 토론하며 자국에 대한 부정적 인식을 역사적 관점에서 고찰하고 나름의 해법을 내놓았다. 그것은 바로 말레이가 경쟁시스템을 제대로 겪어보지 못했기 때문이라는 것이다. 그래서 어느 정도 경쟁력을 갖춘 뒤 시장체제에 노출되게 만드는 점진적 현대화를 추구하게 된다.

학자들의 극복 노력도 다양하게 펼쳐진다. 1970년대 말레이시아 사회학의 아버지 후세인 알라타스Hussein Alatas가 그 주인공인데, 그는 이 편견을 학문적 주제로 승화해 아세안학의 토대로 삼았다. 17세기부터 말레이에 대한 서양인 인식의 역사적 변화를 추적해본 것이다. 초기 서양인은 말레이 무슬림 상인에 대해 '용감하다, 똑똑하다, 민첩한 뱃사공이다'라는 호평이 주를 이루었다. 하지만 서구가 침략 야욕을 노골화하면서 토착민들의 저항이 본격화되자 그 평가가 180도 바뀌었다. 무식하고 호전적이라는 식으로 말이다.

그리고 정복 이후 사탕수수, 고무, 후추 등의 플랜테이션 농장사업이 시작되면서, 즉 노예로 삼은 뒤 평가는 말레이놈들은 게으르고 멍청하다는 멸시적 시선이 주류가 되었다. 영국이 말레이 땅을 빼앗아 페낭, 믈라카, 싱가포르에 식민도시를 세운 뒤 생산성이 좋다는 이유로 중국에서 노동자를 대거 수입해왔는데, 실상은 땅을 빼앗긴 토착민이 협조를 안 하니 외국인 노동자가 필요했던 것이다. '말레이=게으름'은 일종의 식민사관임을 입증한 것이다.

식민지 백성이 게을러 보이는 데는 다양한 이유가 존재한다. 날씨도 덥고, 인센티브가 있는 것도 아니고, 본래 내가 하던 일도 아니고, 어찌 되었든 시켜서 하는 일이다. 물론 미얀마 사람들이 컴퓨터를 잘하지 못하는 이유는 PC가 2012년 이후 본격 도입되었기 때문이다. 스마트폰 자판은 잘 치지만 키보드 타이핑은 쉽지 않다. 문명의 전파가 늦었으니 해당 문명에 서투른 건 당연한 일이다.

가장 결정적인 것은 그 노동의 평가자가 자신이 아니라 타인서양인, 일본인이었기 때문이다. 군대에서 2년간 하는 노예노동은 보여주기식으로 대충 복종하는 시늉만 하면 그만이다. 하지만 200년간의 식민지배는 이야기가 다르다. 주체성과 자기 존엄을 되찾는 시간이 필요했다. 그래서 임금이 지금도 싼 게 아닌가? 한 달에 25만 원 주면서 선진국 수준의 바지런함을 요구하는 것도 난센스다. 그러니 게으름 논란은 사라져야 할 제국주의 시대의 유산이다.

# 한류의 적은
# 식민지 근대화론인가, 국뽕인가

## 지역학은
## 변방을 다루는 학문

1970년대생은 일본에 대해 별 편견 없이 자랐다. 20대 중반에 일본 문화가 개방되면서 폭포수와 같은 세례를 받기도 했다. 더운 나라 싱가포르에서 살면서 가장 그리웠던 게 규슈 지방의 겨울 온천이었다. 겨울 노천탕의 느낌은 정말 좋았다. 싱가포르에서는 일본 관광청 홍보가 잦기에 당장이라도 비행기를 타고 규슈로 가고 싶었던 적이 한두 번이 아니다.

물론 나는 일본만이 아니라 미국도 영국도 중국도 좋아한다. 베트남 호찌민의 아름다운 강변이나 태국의 카오산도 좋아한다. 일본이 좋은 이유는 이런 나라를 좋아하는 것과 별다른 차이가 없다. 그냥 이웃 나라이니 가까워 좋고, 친절하고 세련되니 고맙고, 현대성과 전통이 잘 조화된 나라이니 좋을 뿐이다. 우리 아버지·할아버지 세대와는 호불호 이유가 전혀 다르다.

지역학을 공부하면서 처음 부닥치는 충격은 '변방'이라는 개념과 연관이 있다. 변방은 영어로는 frontier, peripheries이기도 한데 한국에서는 '프론티어'라고 하면 개척자 정신이 풍기는 긍정적 의미지만, 한자로 변방邊方은 확실히 부정적인 단어다. 지역학은 기본적으로 '변방에 대한 학문'을 지칭한다. 오랑캐학이니 절대로 고상하거나 주류 학문이 아니다.

뉴욕, 런던, 도쿄도 지역이기는 하지만 명백히 지역학의 대상이라고 볼 수 없다. 뉴욕에만 수백여 개 언론사가 있고, 경찰을 뒤쫓는 사회부 기자만 최소 1,000명은 넘을 것이다. 글로벌 방송사는 물론 각종 대학과 연구시설이 있으며 하루에 유동인구가 2,000만 명 이상이다. 비행기 편수야 따질 필요조차 없다. 굳이 미국학, 뉴욕학을 따로 구분하지 않아도 대중이 충분히 각종 정보에 접근이 가능하고 그 지역을 상상할 수 있기 때문이다물론 미국학, 대도시학도 있다.

그런데 전북 완주라든가 신장위구르나 미얀마의 소도시라고 하면 이야기가 달라진다. 미디어에서도 조명이 안 되고 그 안에서 무슨 일이 벌어지는지 외부인은 종잡기 어렵다. 아편과 대마초가 은밀히 거래될 것 같고, 영화 〈이끼〉에 나올 것 같은 지역사회에서 모종의 암투가 진행될 것 같다. 이런 음울하고 음습한 변방을 집중 연구하는 것이 지역학의 본모습에 가깝다. 제3세계학이라고 해도 좋을 것이다.

무엇보다 인간의 지리적 인식에 한계가 있다. 그러니 메인이 있고 서브가 있다. 미얀마는 지난 200년간 주로 인도 문명의 변방으로 연구되었고, 베트남은 중국의 변방, 한국은 일본의 별종 정도로

인식되어왔다. 아시아에는 세 문명축<sub>중국, 인도, 일본</sub>이 놓이고 나머지
는 다 변방이 되는 것인데, 제국들이 세계를 경영하려니 이들 변방
을 반드시 알아야 해서 돈을 들여 연구에 나선 것이다. 한국도 점차
경제 규모가 커지니 지역학이 서서히 관심의 대상이 되는 것이고,
동남아와 아시아에까지 관심이 가는 것이다.


## 식민지 근대화론의
## 천적은 한류

　　　　　　　　나는 한류가 아시아 지역학의 새로운 철학
이 될 수 있다고 본다. 물론 아주 개인적 견해인데, 은근히 흥미로
운 주장이기도 하다. 이는 한류의 전복적 성격 덕분이다. 보통 문화
는 중심부에서 주변부로 파동처럼 전파된다. 물이 높은 데서 낮은
곳으로 흐르는 것처럼, 문명도 위에서 아래로 흐르는 것이 기본 법
칙처럼 느껴진다<sub>이것이 식민지 근대화론의 뼈대다</sub>.

　동남아가 인도차이나라는 불명예스러운 이름<sub>인도+차이나</sub>을 갖게 된
것은 서구인들이 동남아를 그렇게 보았기 때문이다. 한국학도 중
국학이나 일본학 연구자들이 취미나 서브로 다루는 것이 일반적이
었다. 그런데 그런 후진 변방의 한국이 문화 발신자가 되었다는 점
은 무척 특기할 만한 일이며, 생각하기에 따라서는 충격적인 반전
이 된다. 다시 말해 한류가 단기적 유행이 아니라 장기적 문명이라
는 것이 확인된다면 유럽중심주의의 아류이론인 식민지 근대화론
은 자연스레 폐기되는 운명을 맞는다.

한국처럼 바닥을 경험한 국가도 일정 조건이 주어진다면 중진국 수준으로 치고 올라오는 수준을 넘어 세계적 문화강국이 될 수 있다는 이야기다. 다시 말하면, 현재 아시아 여러 변방 지역, 즉 티베트, 미얀마, 말레이시아, 방글라데시, 인도네시아, 베트남, 몽골 등도 과거에 그러한 조건을 한두 번씩은 겪었을 테고, 조만간 겪게 될지도 모른다는 조금은 평등하고 낙관적인 세계관이 펼쳐지는 것이다. 나아가 서구문명론이 아닌 아시아문명론의 서막이 될 수 있는 큰 그림의 첫 단추가 된다.

## 국뽕의
## 탄생

기자나 교수라고 해서 국제 정세나 해외 물정에 다 밝은 것은 아니다. 2000년대 초반 문화 관련 기자들의 최대 의문은 '한류가 과연 실체가 있냐?'라는 것이었다. 배용준과 〈대장금〉은 인정한다지만 그밖에 다른 지역에 진짜 한류가 팔릴까 하는 궁금증에 당시 한류 칼럼으로 유명한 한 대학교수를 초청해 조찬 강연회를 한 적이 있다. 무척 열정적이었던 그분은 당시 한국의 각종 신문에 나온 한류 기사를 모두 스크랩해와서는 기자들에게 '이게 바로 한류의 실체'라고 강의를 펼쳤다. 그러자 기자들이 당황해서 물었다.

"교수님, 지금 언급하신 내용은 모두 한국 기사인데요. 우리가 적당히 써온 그게 진짜 그러냐는 거죠."

"그거야 저도 잘 모르죠. 그건 기자님들이 확인해야 하는 것 아닌가요? 다 확인하고 기사 쓴 거 아니에요?"

정말 웃지 못할 해프닝이었다. 언론과 학계가 서로서로 믿으며 한류 담론을 확대 재생산해왔으니 말이다. 즉 2002년부터 2015년까지 한류는 국내에서 일종의 마케팅 용어로 사용한 것이다. LG텔레비전이 이집트에 가도 한류 태풍이 되는 것이고, 한화건설이 이라크에 가면 한류 폭풍이 되는 식이었다. 대략 문화 상품과 제조업 상품이 한데 뭉뚱그려져 한류라는 이미지로 형상화되었다.

아닌 게 아니라 한류의 실체는 없었다. 콘텐츠진흥원이 발표하는 영화, 드라마, 음반의 판매액이 1년에 고작 1,000억 원도 안 되던 시절이다. 수출로 먹고산 한국인 관점에서 그 정도 액수는 삼성전자의 휴대전화 어댑터 매출도 안 된다는 사실을 다 안다. 그러니 언론은 고집스럽게 '한류=대기업' 수출로 연관하려고 한 것이다. 물론 역설적으로 삼성이나 LG는 이미지를 높이려고 일본 기업 느낌을 물씬 풍긴 시절이기도 했다. 총체적 모순의 시대였다.

## 국뽕은
## 식민지 근대화론인가

한국의 신남방정책이 화제와 동시에 논란도 좀 되었다. 남방정책이 그리 신기하거나 처음 있는 일이 아니기 때문이다. 당장 일본의 대동아공영권이 떠오르고, 1990년대 대만도 그걸 모방해 남방정책을 실시한 적이 있다. 목표나 원인 또한 뚜렷하다. 외교적 고립에 대응해 천연자원과 노동력 그리고 토지를 확보하려는 확장 수단이었기 때문이다.

거의 모든 미얀마 관련 국문 논문은 다음과 같은 문장으로 시작한다. "인구가 5,300만이 넘고 각종 천연자원이 풍부하며 남아시아로 연결되는 지정학적 요충지다." 이런 서술방식은 일제의 영향을 받은 지역학의 한 방법론에 따른 것이다. 한 지역을 수탈과 침략의 대상으로 바라본다는 것이다. 사실 대안적 시각도 없다. 원래 지역학의 제1관심은 '자원'에 대한 것이 맞기 때문이다.

한류를 국뽕의 근거로 받아들이는 배경도 이와 관련이 있다. 한국 대중문화를 한국의 국가 체제와 일치시키는 관점이다. 자연스레 한국 문화=한국 정치경제의 힘이 된다. 우리도 문명화를 이루었으니 이제는 세계 지도자급 국가가 되어 제3세계를 이끄는 새로운 제국이 될 수 있다는 희망까지 뒤섞인다. 국뽕이 불편한 이유는 이른바 '한류의 제국주의' 측면 때문일 것이다. 실제 국뽕은 제국주의다. 우리가 더 우수하니 너희 나라로 진출할 수 있다는 시각이다. 우리가 너희 자원을 대신 개발해주면 이익이 극대화된다…. 국뽕의 근원을 추적해가면 제국주의와 일본이 나온다. 식민지 근대화론도 정확히 그 지점에 서 있다.

애국주의자는 이런 질문도 할 수 있다. "그럼 한국은 뭘 먹고살란 말인가? 지고지순하게 이슬만 먹고살라는 건가? 우수한 문화를 자랑하고 그것을 이용하는 게 왜 욕먹을 일인가?" 이 같은 항변이 이해는 된다. 한류에 편승한 재벌과 정부의 여러 투자와 정책, 최근의 신남방정책, 지역학에 대한 투자 등 모든 것이 기본적으로 과거의 제국주의적 모습을 비슷한 맥락에서 따라 해온 것이기 때문이다. 한류는 식민지 근대화론에 반대되기도 하면서 동시에 명백하게 제2의 식민지 근대화론이 될 수 있는 잠재적 위험을 내포한다는 말이 된다.

이 때문에 우리가 절대로 놓지 말아야 할 대목이 '아시아'라는 공동체의 비전이다. 기존의 폭압적 문명의 실패를 재현하지 않으려면 한류가 반드시 아시아 지역통합에 일정 정도 기여하며 한국 문화가 아니라 동아시아라는 지역의 대표성을 획득해야 한다. 국경을 넘어 아시아라는 공통의 비전을 녹여낼 때 비로소 한류가 진정한 문명적 의미와 세계사적 의미를 제대로 지닐 수 있다. 다시 말해 국뽕이 과해서는 절대 오래 지속될 수 없다는 의미다.

# 아시아에서 차별은
# 언제까지 계속될까

×

## 지역 편견과 차별이
## 조선족과 중국인 혐오로

한국의 입시 경쟁이 절정이던 1990년대 초 중반에 최고 재수학원인 종로학원 프랑스어반을 다녔다. 한 반이 110명 정도였는데, 서울 강남 출신이 40퍼센트 정도이고 강북·경기, 충청·강원, 호남·제주 각 10퍼센트 그리고 영남이 확연히 많아서 30퍼센트 정도였다. 나는 전북 출신이었는데, 숫자가 워낙 적었던 탓인지 촌사람이자 가난한 지역 출신이라는 반응을 상대방, 특히 강남 학생의 태도에서 느낄 수 있었다. 재수학원은 입시를 준비하는 고3 교실의 연장선이었기에 그러했을 것 같다. 정글의 법칙 말이다.

커뮤니티에서 누군가를 '촌사람'으로 인식시키는 프로세스는 너무도 쉽다. 해당 지역이 어딘지 모른 척하면 그만이다. "이리 출신이라고? 얘들아, 이리가 어디야? 몰라?" 이렇게 두어 마디면 충분하다. 만약 주위에 전주나 대전이나 광주 출신이 "뭐야? 이거 서울 촌놈 아냐?" 하고 함께 도와주면 상황이 역전되기도 하지만, 그런 일은 1년 내내 벌어지지 않았다. 분명히 어릴 적 내가 살던 세계는 송파구 오금동이나 강서구 화곡동보다 더 문명화된 세계라고 믿었지만 학원 출석 일주일 만에 촌놈으로 전락했다.

그렇다면 한국의 지역 편견과 차별은 어떻게 극복되었을까? 김대중의 집권과 노무현의 국민통합 노력으로 개선된 부분도 상당할 것이다. 본질적으로 권력 편중 문제였으니 말이다. 하지만 여러 학자도 간간이 지적했고 나도 2000년대 취재현장에서 절감한 부분인데, 한국의 뚜렷한 경제성장과 동시에 외국인 노동자, 특히 중국 조선족의 전면적 등장이 상당 부분 영향을 준 것으로 보인다. 한국이 글로벌 체제에 편입되기 이전에는 국내에서 가장 가난하고 산업화가 덜 된 지역에 차별이 집중되었다면, 국가가 개방되고 보니 훨씬 더 가난하고 덜 현대화된 지역 출신이 한국에 물밀듯이 쏟아져 들어온 것이다.

자연스레 혐오의 화살이 외국인 노동자의 대표 격인 조선족으로 향하게 되었는데 이는 지역 차별이라는 상당 부분 인종적 차별과 맥을 같이하는 아시아를 포함한 전 세계에 만연한 혐오 정서라는 점을 일깨우는 측면이라고 하겠다. 조선족 차별은 미국으로 따지면 일종의 인종주의이면서도 한국에서는 중국과 동남아에 대한 혐오 정서로 나타난다는 것이다. 실제로 한국에서 제3세계 출신에 대한 차별은 다 말할 수 없는 수준이다. 유색인종이 지하철을 탔을 때 그 옆 좌석이 비는 것은 문화 차이라고 말하기에는 민망한 수준이다.

이들과 결혼하는 문제는 지금도 한국 사회에서 쉽지 않은 벽이다.

나와 10년을 함께 산 헤이룽장성 출신 조선족 아주머니와도 흥미로운 일화가 있다. 이분은 딸은 미국에서, 아들은 일본에서 일하다 결혼해서 나름 국제적 가정을 일구었다. 흥미롭게도 이분은 경남 출신이란 정체성도 동시에 갖고 계셨다. 이분 할아버지가 어릴 적 경남에서 만주 개척 시 옌볜으로, 다시 헤이룽장성으로 재차 이주했다. 한번은 집에 무슨 공사가 있어 노동자 몇 명이 집 안에서 일한 적이 있는데, 조선족 아주머니와 이들 노동자의 대화가 한국의 지역색을 따라 하는 게 아닌가?

이걸 어떻게 대응할까 고민하다가 하루 뒤 "아주머니, 평소 제가 아주머니에게 서운하게 한 적이 있나요? 한 번만 더 그런 말씀을 하시면 정말 화낼지도 몰라요"라고 문자를 보냈다. 아주머니도 교양 있는 분이라 죄송하다고 답장이 왔다. 참 어려운 문제다. 지역적 차별 감정은 오히려 없는 사람들끼리 싸우기 좋은 프레임이라는 생각까지 들었다.


## 어디에나 있는
## 차별과 특혜

세상 어디나 못살고 권력이 없는 지역에 대한 차별은 존재한다. 말레이시아에서는 주로 동쪽 보르네오섬의 사바주와 사라왁주 출신을 차별한다. 그 지역에는 뚜렷한 산업도 없어 소득도 낮고 인구도 부족하다. 태국에서는 동북부 이산 지역이 차별 대상이다. 항구도 없는 내륙지역인데다가 주로 농업에 종사해 사실상 내부 식민지에 가깝다. 미얀마에서는 당연히 소수민족이 차별받는다. 공무원 숫자나 경제적 혜택에서 미얀마족에 비해 확실히 차이 난다. 싱가포르에서는 인도계가 주로 목표물이 된다. 베트남과 인도네시아에서도 소수민족은 정치적·경제적으로 소외된다.

여기서 흥미로운 대목은 말레이시아의 중국계 차별정책인 부미푸트라 정책이다. 원래 이 정책은 화교에 비해 경제력이 열악한 토착민 말레이족을 위해 1970년에 도입한 부흥·특혜정책이다. 자유경쟁에 맡겨놓으면 가난한 말레이족의 미래가 암울해질 것을 우려한 정부가 명문대학 쿼터, 정부 발행 면허 숫자, 관급공사 수주, 정부 기관 납품 등에서 말레이계에 특별하게 더 배려하자는 취지로 도입되었다.

그런데 취지가 좋다고 최선의 결과가 나오는 것은 아니다. 호의가 계속되면 그것을 권리로 인식하는 특권층이 생기기 때문이다. 기본적으로 부미푸트라 정책은 시장경쟁에 반한다. 당연히 정부 공사나 구매에서 생기는 경제적 기회를 말레이족에게 몰아주면서 사회의 부패는 걷잡을 수 없이 확산된다. 예를 들어, 한국정부의 관급공사를 특정 고등학교 출신이나 지역 건설사에 몰아준다고 생각해보면 쉽다. 경쟁에 미리 제한을 두었으니 그 안에서 얼마나 많은 협잡과 이권 나누어 먹기가 발생할 것인가.

결국 부미푸트라 정책은 도입 30년이 흐른 2000년 무렵부터는 말레이시아 정치권과 시민사회에서 '이제 그만'이라는 절규를 쏟아냈다. 제도를 직접 운영해본 말레이계가 더 잘 아는 국가적 고질병이 된 것이다. 하지만 정치는 머릿수 싸움이 아니던가? 한번 주었던 특혜를 빼앗는 것은 처음 도입할 때보다 10배는 더 힘겨운 법이다. 국민 65퍼센트가 말레이계인 사회에서 특혜는 이미 습관이 되었다. 실제로 보수파 나집 라작 전 총리는 2018년 선거에서 부미푸트라 정책 강화를 공약으로 내놓았을 정도였다. 그래서 개혁이 어려운 법이다.

말레이시아의 부미푸트라 정책은 지역과 인종차별의 문제가 어떻게 권력의 문제와 직접 맞닿아 있는지를 함축적으로 잘 보여주는 사례다. 동시에 기울어진 운동장을 복구하려는 노력 역시 얼마나 부정적인 결과를 불러오는지를 보여준다.

부미푸트라 정책 사례는 한국과 직접 비교하기는 쉽지 않지만 구조상으로는 동일한 논리로 작동해온 여러 공통점이 있다. 박정희-전두환-노태우에서 다시금 이명박과 박근혜로 이어지는 정권의 특정 지역 사랑이 과도했음을 부인하기 어렵기 때문이다. 그렇다고 이를 다시금 반대로 뒤집으려는 시도 역시 어쩌면 더 큰 다른 문제를 몰고 올 수 있음을 경고하는 셈이다. 이래저래 어려운 딜레마적 상황이 된다. 차별을 극복하려는 노력도 중요하지만, 그 노력이 넘치면 그 자체로 권력화한다이는 여성계, 특히 페미니즘 문제와도 맥을 같이한다.

## 일본의 한국인 혐오, 그 끝은

아시아에서는 인종주의와 지역 차별이 뒤섞인 채 권력 문제와도 결부되어 있다. 또 문명의 우수성에 대한 확신이 인종주의로 발전해간다. 그런데 일본에서 최근 10년 사이에 악화된 한국과 북한에 대한 혐오 감정 사례까지 살펴보고 나면, 오히려 이 문제가 인간사회에서 완전히 해결하기 힘든 '구조적인 결함', 일종의 한 사회의 그림자 같은 문제가 아닐까 하는 절망감을 느끼게 된다.

일본은 이미 1910년에 사회진화론과 인종주의를 섞은 제국주의 프레임으로 야만적인 한국과 중국을 바라본 경험이 있는 나라다. 그런데 21세기에 이 사정이 나아지기는커녕 지역혐오와 신인종론으로 명맥을 유지하고 있다.

1980~1990년대 호남차별 정서가 조선족이 등장하면서 상당 부분 풀렸던 것처럼 조선족의 멸시와 폄훼 역시도 21세기 중국의 급부상으로 어느 정도는 해결될 기미가 보인다. 조선족이 대거 부자로 체급이 올라섰기 때문이다.

우리는 이처럼 세계 경제의 순환에 기대어 계속 새로운 희생양을 찾아 헤맬 것인가, 아니면 그 악순환의 소용돌이를 사회적 대타협으로 끊어낼 것인가? 한국이 1인당 국민총생산 4만 달러를 일본보다 먼저 달성해야 그들이 우리를 존중할 것인가? 참으로 풀기 어려운 최악의 숙제로 보인다.

# 자주권의
# 21세기적 의미

✕

## 아시아의
## 가장 큰 특징

1994~1996년 무렵 대학가 운동권은 이미 주류에서 벗어나기 시작했다. 1970년대 중반 태생은 선배들과 달리 이념 지향적이지 않았던 탓이 컸다. 전문직 선호도가 뚜렷해졌고 외부 세계에 대한 관심까지 높아져 배낭여행과 어학연수로 좋은 직장을 꿈꾸었지 사회 변화에는 관심이 줄어든 것이다. 어찌 되었든 민주화는 1993년에 김영삼과 함께 당도했다. 그래서 마르크스주의나 민족해방을 말하는 학생들이 1990년대 내내 수적으로 크게 줄어갔다.

특히 민족해방 계열은 뚜렷한 위기에 빠지기 시작했다. 4·3제주항쟁과 5·18광주민주화운동 등 한국 근현대사 세미나로 진보적 후배들을 대거 모아놓아도 주체사상 대목에 실망한 학생들이 대열에서 이탈하는 일이 빈번히 일어났기 때문이다. 북한에서 굶어 죽는 사람이 나오고 탈북자가 증가하는 등 고난의 시대가 시작된 때가 1997년 무렵이다. 이 같은 NL을 보고 민중민주PD 계열 학생들은 아직도 주체사상과 무조건적 통일을 논하는 건 시대착오적이지 않냐고 놀려대기도 했다. 하지만 NL 학생들은 꿋꿋하게 '성품론'과 '지도자론'으로 무장하고 헌신적으로 4·18의거 행사나 5·18광주민주화운동 행사 또는 8·15광복절 행사를 밀고 나갔다.

최근 페이스북 친구가 된 민주연구원 최병천 부원장을 만나서 짧은 방담을 나누었다. 그분의 핵심 질문은 "아시아 시대를 가능하게 할 만한 뚜렷하고 실제적인 증거가 있냐?"라는 것이었다. 최 선생이 근현대 세계사를 영국의 산업혁명과 일본의 메이지유신 이후 '제국주의'로 풀어낸 것에 대해 내가 "식민지 근대화론과 닮았다"라고 비판하자, 재반박한 것이었다. 곰곰이 생각해보니, 내가 별다른 근거를 내밀지 못했다는 생각이 들었다. 그래서 떠오른 것이 '자주Sovereignty' 이야기다.

2005년부터 아시아 각국을 돌아다니며 느낀 가장 선명한 아시아의 정체성이 바로 자주권自主權이었다. 이런 감상은 최근 5년 가까이 동남아에서 거주하며 재확인한 아시아의 가장 큰 특징이라고 생각한다. 그러니까 아시아를 제대로 설명하려다 보니 매번 보편성과 특수성의 갈등에 부딪혔고, 결국 특수성의 가장 큰 지분을 차지하는 '자주권' 대목을 소화하지 않고는 한 발자국도 나아가지 못하겠다고 생각하게 된 것이다.

북한을 오래 상대해온 한국인들의 '주권/자주'에 대한 인식이 그리 좋을 리 없다. 나도 1990년대 내내 자주파에 대해 조롱까지는 아니어도 조금은 안쓰러운 감정이 있었던 것이 사실이다. "당연히 개혁과 개방, 민주주의와 세계화가 더 중요한 게 아닐까?"라고 느꼈다. "그게 훨씬 이익인데?" 민족주의나 민족자결주의는 철 지난 구시대적 유산이라고 믿었다. 더구나 백두사상으로 대표되는 주체사상은 왕조시대의 구습이자 평화통일을 가로막는 인종적이고 퇴행적인 사상이었다.

## 자주의
## 재발견

가끔 나에게 중국과 베트남이 급성장한 원인을 묻는 이들이 있다. 나도 이 대목이 늘 고민이었다. 시장주의를 받아들였기 때문일까? 지도자들이 박정희주의를 실천해서 그랬을까? 혹은 미국과 일본의 적극적 투자 때문일까? 제국의 변방에 있었기 때문일까? 그런데 내가 체험과 답사에서 느끼는 묘한 지점은 바로 앞선 '주체와 자주'라는 사상의 힘이었다. 뚜렷하게 시장주의나 민주주의로 설명하지 못하는 힘이 아시아에는 있었다는 것이다. '이 땅의 주인이 바로 로컬인'이라는 자주의 꿈이자 하나 된 나라를 만들겠다는 통일의 소망이었다.

그런 뚜렷한 자주의 틀에서 시장주의와 해외사상을 받아들였기에 현재와 같은 발전이 가능했던 것이 아닌가 생각해본다. 반공주의 사상으로 본다면 중국은 1949년에, 베트남은 누가 뭐래도 1970년대에 파멸에 이른 나라가 아니던가? 하지만 그들은 불과 30~40년 만에 오뚝이처럼 일어섰다. 중국은 다시 제국을 꿈꿀 정도가 되었으니 그냥 일어선 수준이 아니다. 혹자는 미얀마의 후진성을 비웃지만 내 생각은 다르다. 지난 50년간 치열하게 자주권을 회복하고 연방의 통일을 고민했다. 그 성취가 이제 앞으로 30~40년간 뚜렷하게 나타날 것이다. 그리고 베트남과 미얀마의 성취는 외세에 점철된 이웃국<sub>태국, 필리핀, 캄보디아 등</sub>을 따라잡을 것으로 전망한다. 물론 자주와 시장주의의 균형이 관건이지만.

우리가 북한을 때로는 조롱하고 '통일비용'을 걱정하지만, 생각보다 비용을 걱정하지 않아도 될지 모른다. 베트남과 미얀마 사례를 본다면 적정하게 개방의 틀만 합의되면 발전은 정말 순식간에 찾아올 수 있다. 때로는 투자수익이 비용을 상쇄하는 법이다. 북한의 가능성은 누가 보아도 무궁무진하다. 북한의 '세계화'나 '잘살고 싶다'는 의지가 동남아보다 덜할 리가 없기 때문이다.


## 안암동의
## 꽹과리 소리, 징 소리

대학 시절 에피소드가 있다. 해 질 녘 안암동을 찾는 사람이 가장 놀라는 것이 캠퍼스를 시끄럽게 울리는 농악대 연주 소음이었다. 대개 5시부터 7시까지 연습하는데 그 투박한 전통악기를 연습하는 이들이 꾸준히 많았지만, 동시에 그 소리를 '소음'이라고 여기는 사람도 상당했다. 특히 저녁 무렵의 꽹과리 소리는 그 이름처럼 시끄럽고 투박했다.

재학 시절 낙제점을 많이 받았지만 자랑거리도 몇 가지 있다. 철학과 전공수업이자 난해하기로 유명한 임홍빈 교수님의 '독일고전철학' 강의에서 B⁺를 받았다. 어쩔 수 없이 B학점 이하를 받았던 철학 전공자들에게 자랑하기 적당한 성취였다. 그 수업 중 인상적인 일이 독일파 교수님의 농악에 대한 언급이었다. 창가에서 꽹과리 소리가 울리자 교수님은 "여러분은 저 소리가 어떻게 들리나요? 내 생각에는, 절대 국악을 폄하하는 것은 아녜요. 다만 음악적으로 발달이 덜된 건 사실이잖아요. 너무 단조롭고 화성이라고 하기도 어렵고. 베토벤 교향곡을 떠올려보세요. 농민음악이 캠퍼스를 감싼 상황이 그리 마음에 들지는 않아요"라고 점잖게 비판했다.

따지고 보면 당시 가장 고급스러운 교양은 헤르베르트 폰 카라얀Herbert von Karajan(1908~1989)이 지휘하는 베를린 필하모닉 오케스트라의 내한 공연에 가는 것 아니었던가? 검은색 정장을 입은 단원들이 연주하고 부르는 베토벤의 〈합창〉을 들으면, 아시아의 지식인 청중은 그 압도적 문명의 힘에 주눅 들기 마련이었다. 독일에서 수십여 악기가 화음을 만들어내는 교향악을 들으며 공부하고 온 철학자의 귀에 학생들의 꽹과리 소리는 절대로 아름답게 들리지 않았으리라.

물론 나도 그랬는데 나이를 먹어가면서 꼭 그런 것은 아니라는 사실을 알게 되었다. 베토벤 음악도 소중했지만 풍물패 소리 역시 무척 애틋하고 특별했다. 그사이 한국 사회도 복잡한 경험을 많이 했다. 1997년 외환 위기가 있었고, 2002년에는 동두천에서 효순이·미선이 사건이 벌어졌으며, 2008년에는 광우병 쇠고기 파동도 있었다. 모두 가슴 아프고 논란이 될 만한 사태였고 대학 시절 캠퍼스에서 만난 NL 학생들이 광화문으로 집결하는 시기이기도 했다. 이렇듯 민족의 자주권 개념은 21세기에도 뚜렷하게 우리의 실존과 현실 정치에 영향을 주었다. 나도 꾸준히 '자주'를 평가하는 마음 자세가 달라지기도 했다.


## 이날치,
## 국악의 혁신

국악과 현대 대중가요의 결합은 지난 100년간 꾸준히 모색되어왔다. 나의 어린 시절 가장 뚜렷한 성취는 1980년 대 김수철이라는 가수였다. 1992년에는 서태지도 있었지만 악기 소리 몇 개를 가져다 쓴 데 그쳤을 정도였다. 국악과 현대음악을 아주 뚜렷이 구분하던 시절이다. 두 세계가 섞일 수 있을 것 같았지만 실제로 잘 섞이지 않았다. 판소리, 궁중음악, 거문고·가야금, 사물놀이 등은 한국 전통음악의 핵심을 이룬다. 주류가 되기에는 한참 철이 지났고 부족했지만 그렇다고 사라지기에는 너무 소중하고 귀한 것들이었다.

그래서 2020년 이날치 밴드의 등장은 참으로 괴이하고 기념비적이다. 사상 처음으로 전통음악을 단 한 컷도 버리지 않고 국악을 중심으로 대중음악의 중심부를 장악한 사례가 되었기 때문이다. 이날치의 〈수궁가〉 앨범 전곡을 들어보면 전통과 현대의 구분이 사실상사라짐을 느낄 수 있다. 베이스기타와 드럼 정도의 악기 구성은 전통악기와 별 차이가 없다. 판소리 화자의 목소리는 래퍼의 정신과 연결된다. 이날치는 전통음악 날것 그대로 현대성의 정신을 성취했으니 놀라운 일일 수밖에 없다.

이날치 밴드의 성공은 기존의 국악인은 물론 현대음악인에게 무한대의 상상력을 건넬 수 있다. 우리가 이제껏 '우리 것이 소중한 것이야'라고 말은 했지만, 사실은 그 우리 것이 '현대성보편성'만큼은 부족했다고 동의해왔기 때문이다. 그래서 현대음악을 베이스로 전통음악 요소를 일부 집어넣는 것으로 균형을 이루려고 했다. 그런데 2020년에 이르자 그 반대가 가능해졌다. 전통음악을 베이스로 삼아 아주 일부의 현대적 요소를 집어넣어도 간명하게 보편성이 획득되는 것이다. 쿨Cool과 힙스터Hipster가 국악에서도 가능했다. 이것은 한국 문화가 얼마나 자신감을 갖게 되었는지에 대한 또 다른 증거도 된다.


## 자주권의 아시아를
## 껴안아야

마지막 단락 주제가 자주권이라니 기분이 묘하다. 자주라는 개념을 그리 좋아하지는 않았기 때문이다. 그런데 아시아의 본질은 자주에 모인다는 사실을 경험으로 알게 되었다. 순전히 귀납법적 결론이다. 아시아의 자주 문제는 도저히 서구 제국이나 일본이나 중국이 어찌 해결해줄 수 있는 문제가 아니었다. 결국 아시아 내에서 답을 내야 한다고 보았고, 특히 한국이 어떤 역할을 할 수 있다고 생각할 수밖에 없었다. 우리는 북한과 70년

이 넘도록 대치하고 있으니 말이다.

우리의 역사와 경험은 그 어떤 제국도 도저히 상상하지 못하는 고통으로 점철되었지만, 긍정적으로 보면 보편성과 특수성을 아우를 수 있는 무한대 기회도 된다. 아시아에 관심이 높아진 이유 가운데 하나이기도 하다. 아시아를 껴안으려면 당연히 북한도 포섭해야 한다. 그 반대로 북한을 껴안을 수 있다면 아시아 시대의 주역도 가능하다. 이런 자주 개념을 너무 어렵게 생각할 것이 아니다. 이날치의 〈범 내려온다〉를 떠올려보자. 특수성을 포기하지 않고도 충분히 현대성의 성취가 가능하다. 베트남도 했고 중국도 시도하고 있다. 한국과 미얀마는 잘하면 잘했지 못할 리가 없다.

# 〈오징어 게임〉과
# 아시아 대표로서의 K

## 스타와 흥행, 아시아 시대의 징후

2021년 9월 넷플릭스에서 방영된 〈오징어 게임〉의 전 세계적인 흥행이라는 전대미문의 사건이 이 책의 편집이 마무리되는 시점에 발생했다. 마땅히 이 책의 내용과도 연결된 사안이라 에필로그에서라도 짧게 언급하고 넘어가야 할 필요를 느꼈다. 전례가 없다는 표현이 정확할 것이다. 이는 인종적·지리적, 나아가 문명의 깊은 골짜기를 넘어선 사상 최초의 아시아 제작 텔레비전 시리즈의 전 세계적 흥행이기 때문이다. 지난 20년간, 혹은 조금 더 긴 과거에 비슷한 사례가 있는지를 떠올려 보아도 도저히 찾을 수 없었다. 유럽과 남미 작품이 몇몇 있었다지만 아시아 제작 드라마로서는 사상 최초였기 때문이다. 계속 반복해도 지겹지 않고 오히려 가슴이 뛴다.

음악과 만화, 극장용 영화와 달리 텔레비전 드라마는 말 그대로 내러티브와 시청자 그리고 이를 연기하는 배우와 감정적으로 동화되어야 흥행할 수 있기 때문이다. 드라마 주인공의 캐릭터와 그 배경 설정에 100퍼센트 빨려들어가지 않고는 불가능한 현상임을 고려하면 〈오징어 게임〉은 단지 콘텐츠의 비즈니스적 측면보다는 오히려 '아시아 시대'의 상징적 현상으로 기록될 공산이 크다.

나는 〈오징어 게임〉의 황동혁 감독이 주로 충무로에서 성장한 인물이라는 점에 주목한다. 비교적 안전한 텔레비전 드라마 시장이 아닌 거칠고 황폐했던 영화판에서 성장한 인물이었기 때문에 〈오징어 게임〉이라는 세계적 보편성을 지닌 작품이 가능했다고 생각한다. 적어도 활짝 개방된 치열한 시장 경쟁 속에서 독창적인 시나리오를 쓰려는 노력이 꾸준히 이어졌고, 그 와중에 한국적 현실을 추적해가며 감히 예술성과 상업성이라는 두 마리 토끼를 잡으려는 도전에 나선 것이다.

실제로 충무로에서 성장한 황 감독은 꾸준하게 한국에서의 '소외'와 그 '극복'에 관심을 기울여왔다. 2007년 교도소에 수감 중인 아버지를 다룬 〈마이 파더〉와 2011년 광주 장애인 학교 비리를 다룬 〈도가니〉를 만든 것이 대표적이다. 심은경이 주연으로 출연한 2014년 작 〈수상한 그녀〉 역시 마찬가지다. 사실 이 영화는 대기업 CJ가 큰돈을 투자한 100퍼센트 상업영화로 그냥 달짝지근한 평범한 로맨스 영화로도 볼 수 있다. 하지만 내용 저변에는 노인 문제를 정면으로 받아버리는 용감성도 품고 있다. 〈오징어 게임〉에 등장한 '오일남' 캐릭터는 감독의 전작에서 탄생한 한국 사회의 치열한 고민의 연장선이라는 이야기다. 탈북자 강새벽-강철 오누이와 파키스탄 이주 노동자 알리 캐릭터 역시 감독이 포착한 한국의 21세기적 현실이자 아시아적인 보편적 현실이기도 했다.

영화 〈기생충〉과 드라마 〈오징어 게임〉 모두를 감상한 미국인들이 주로 이런 반응을 내비친다고 한다. "이봐~ 한국인들, 자네들 괜찮은 거야? 우리는 당신들이 너무 걱정돼!" 어찌 보면 지당한 반응이다. 한국 사회의 양극화, 계급 갈등, 개인 빚과 자살 급증, 가족의 해체, 인간성의 상실이 곧바로 작품의 저변에서 발견되기 때문이다. 하지만 이것은 한국인들이 세계인들에게 오히려 되묻는 질문이기도 하다. "이봐, 그나마 전 세계에서 가장 살 만한 사회인 남한에서도 이 정도인데, 자네들은 정말 괜찮은 거야? 우리는 정말 한국 바깥에 사는 지구인이 걱정되는데?"

놀랍게도 이 질문에 대한 답이 도착했다. 전 세계인 대부분이 "무척 힘들어, 그래서 0.01퍼센트 성공 확률이라도 오징어 게임에 참가하고파"라고 답변한 것이다. 대중예술의 마력이 바로 이런 것이라고 생각한다. 감독은 달콤한 오락과 데스 게임을 빙자해 아시아의 여러 캐릭터를 활용하며 전 세계 시청자들에게 질문을 던진다. 그리고 그들은 뜨거운 시청률로 답하는 방식이다.

## 국경을 넘어선 문명의 힘

내가 이 책 전체를 통해서 독자들에게 전하려고 하는 맥락은 '대중문화'를 바라보는 새로운 관점에 대한 것이다. 우리가 일상적으로 경험하는 '스타'와 '콘텐츠'라는 것이 일종의 국경을 넘나드는 문명적 현상임과 동시에 지극히 정치적인 사건의 지평 위에 서 있음을 보여주고 싶었다. 대중음악이나 영화나 텔레비전 드라마나 사실은 모두 같은 맥락 위에서 문명의 충돌과 경쟁, 화합과 진보를 상징적으로 드러내고 있다는 이야기다. 한·중·일의 맥락에서 보는 것보다는 '아시아'로 대표되는 '전지구적' 관점에서 보는 것이 그 맥락의 의미를 더 풍부하게 할 수 있음을 보여주고자 했다.

한류와 K라는 것에는 여러 함의가 있다. 한국 문화의 우수성과 경쟁력이라는 의미도 있지만, 시각을 조금 넓혀보면 '한국이 아시아의 대표'로서 세계시장에서 발언권을 획득했다는 의미를 갖게 된 것이다. 이것은 앞서 설명한 대로 한국이 전 세계인의 가장 첨예한 문제를 끈질기게 화두에 놓고 몰두해온 결과에 가깝다. 그것이 대중문화계에도 반영되어 적어도 한국의 케이 콘텐츠가 다루는 중심 주제는 일본의 판타지물이나 중국의 애국주의 영화처럼 현실을 도외시하지 않았다. 나아가 지난 20년간 한류를 키워온 것은 한국의 소비자뿐만이 아니라 아시아의 광범위한 젊은 세대였다. 그들의 구매력 파워의 성장과 더불어 대표적으로 한류 콘텐츠가 자본과 소비자를 확보해왔다는 것이다.

아시아의 대표가 되었다는 것은 또 무슨 말일까? 그것은 아시아 지역의 생산력과 재능 들이 이제는 전 세계시장에서 무시할 수 없는 비중을 차지하기 시작했다는 것이다. 그러니까 과거 미국과 유럽이 한 번쯤은 거쳐갔지만 감히 풀어내지 못했던 숙제를 다시 받아든 것이 아시아라는 이야기이고, 그 대표성을 한국의 재능들과 사회가 감당해야 할 차례가 되었다는 것이다. 인류의 해묵은 숙제는 사실 간단하지만 풀기 어려운 '인간성의 회복'과 '해방'에 대한 숙제를 지칭한다.

〈오징어 게임〉은 어른들의 잔혹동화에 가깝다. 하지만 전적으로 무의미하고 공허한 질문에 그치는 것은 아니다. 도전적인 질문과 답변을, 적어도 생산력이 급증하는 아시아를 배경으로 그를 대표해 질문을 던졌고, 절대로 굴복하지 않겠다는 자그마한 희망도 남겼다. 그렇기 때문에 더더욱 탈북자 강새벽과 강철 오누이, 파키스탄 이주 노동자, 동두천 출신 한미녀와 할아버지 오일남의 캐릭터가 빛을 발하는 것이라고 생각한다. 나아가 그 희망의 싹에 전 세계 시청자들이 열광하는 것이라고 해석한다.

어릴 적 땅바닥 게임을 '동심童心'으로 놓고 보면, 감독의 의도는 더 선명하게 빛을 발한다. 그 대목이 바로 세계적인 보편성을 획득하게 만든 절묘한 설정이라고 생각하면서, 동시에 비참한 잔혹동화를 극복할 희망의 비상구를 마련해주는 것은 아닐까? "누구도 죽지 말고 함께 살자." 아직은 우리의 문화생산자들이 생각이 젊고 야망이 있어서 가능한 작품이었다고 믿는다. 그리고 아시아 시대가 서막을 열었다고 생각한다. 아시아에서 질문하고 아시아에서 답을 구해야 하는 시대가 되었다는 것이다.

# 다시, K를 보다

한류는 어떻게 국경을 넘어 문명이 되었는가

정호재 지음
ⓒ 정호재, 2021

초판 1쇄 인쇄일 2021년 11월 16일
초판 1쇄 발행일 2021년 12월 1일

ISBN 979-11-5706-892-0 (03300)

만든 사람들
책임편집     임채혁
디자인      이재호 이선주
홍보 마케팅   김성현 최재희 김규리 맹준혁
인쇄       아트인

펴낸이     김현종
펴낸곳     (주)메디치미디어
경영지원    전선정 김유라
등록일     2008년 8월 20일 제300-2008-76호
주소      서울시 중구 중림로7길 4
전화      02-735-3308
팩스      02-735-3309
이메일     medici@medicimedia.co.kr
페이스북    facebook.com/medicimedia
인스타그램   @medicimedia
홈페이지    www.medicimedia.co.kr